編著者
足立 己幸

著者
江原 絢子／針谷 順子／高増 雅子

はじめに

　「和食」が今、世界各地の多くの人々の話題になっていることを知っていますか？
　「Washoku」と書く英語名も生まれ、使われています。ユネスコの世界無形文化遺産にも登録され、「和食」への関心が急に高まっています。

　「和食」ってなんでしょうか？
　どんな魅力があるのでしょうか？
　「和食」は日本の自然と人々の関わりの中で生まれ、育てられてきました。わたしたちはこれからの日本人として、新しい魅力を加えながら、「和食」をどう育て、日本中、さらには世界中に発信するとよいのでしょうか？
　その主役は、この本を読むみなさんです。

　この本は、まず「和食」の魅力について、その生い立ちを知り、自分たちの生活や活動にどうつなげることができるかを考え、実際に生活の中で実験をし、将来に向けて、健康で楽しい食生活や食環境づくりへのいかし方などを話し合い、他の人々へ発信できることを願って、企画されました。
　食文化、食生活、健康づくり、地域づくりなど多くの面から、「和食」を"全体としてとらえる見方"や、一人ひとりの食行動をくらしや環境との関わりで"循環としてとらえる見方"を大事にしていることも特徴です。

　第3章では、本書の主人公カズとサクラが、イギリス人家族へ「和食でおもてなし」をします。「和食」について、勉強と練習をくり返して、当日への準備をします。「間にあうの？」「うまくいくの？」と、いっしょに読みながらドキドキしてしまうかもしれませんが、カズとサクラたちと、そのドキドキもあわせて楽しんでみてください。

　また、まずは「やってみよう！」と、はじめに第3章で生活実験をし、そこで出る関心事や疑問を第1章や第2章で学び、内容を深め、広げる方法もよいと思います。
　どこから読みはじめてもよいです。興味のあるところから、楽しんでください。

2016年1月
著者を代表して　足立己幸

登場人物の紹介

もくじ

はじめに …2　　登場人物の紹介 …3

和食の教科書 1章　日本文化と和食

和食はどのように生まれたか？ ……… 12
- 米と魚の和食文化のはじまり …12
- 和食の料理形式の成立と発展（奈良〜安土桃山時代）…14
- 和食文化の完成（江戸時代）① …16
- 和食文化の完成（江戸時代）② …18
- 変化する和食（明治時代から第二次世界大戦まで）…20
- 食料難から食の国際化へ（昭和時代〜現代）…22

季節の行事や祭りと和食 ……… 26
- 行事や祭りの和食 …26
- 通過儀礼と儀礼食 …28

地域性をいかした和食 〜郷土料理 ……… 30
- 地域の食材や調理の特徴 …30
- 郷土料理と地域性 …32

和食の教科書 2章　和食の料理の成りたち

献立は、一汁三菜が基本 ……… 36
- 一汁三菜ってなに？ …36
- 一汁三菜は、主食・主菜・副菜の組み合わせ …38

和食を支える日本の食材 ……… 40
- 旬と地域 …40
- 気候・風土が育む多様な食材 …42
- 和食のうま味や風味を引きだす、だし …44

和食のおいしさを引きだす調味料 ……… 46
- 日本の気候が生んだ発酵調味料 …46
- 塩とさとう …50

保存が育ててきた和食 ……… 52
- 保存の方法 …53

和食の調理法 ……… 56
- 和食は、「切る」技術がいかされる …57
- 加熱法は、「煮る」「焼く」「むす」「あげる」 …58

和食の食器と食具 ……… 64
- ごはん茶碗と汁椀 …64
- 和食はすべてを箸で食べる …66

3章 世界に広がる和食の魅力
～和食でおもてなしをしたい！

どんなおもてなしにしようか？	70
なぜ、和食が世界から注目されているか	74
"和食でおもてなし"の基本方針を決める	78
料理を選んで、食事を設計する	80
「和食でおもてなし3・1・2」の食事づくり	86
直前の準備と役割分担	90
いよいよ、本番！	92

資料集 ……… 96

おせち料理／全国雑煮マップ／行事と行事食／郷土料理／給食の歴史／「3・1・2弁当箱法」／魚のつぼぬき／いろいろな切り方

索引 …108
あとがき …110
著者プロフィール …111

大変だ！ 大変だ！
お父さんに外国から
手紙が来たよ！

Dear Naoto,

How are you doing？ We are all well.

My wife Ema and I are planning to visit Japan in two months time. I will be accompanied with my children, Jack and Ann.

We want to enjoy your fantastic culture, including WASHOKU, traditional Japanese food, with you and your family!

See you soon.

Best wishes,
Harry

ナオトへ

お元気ですか？ わたしたちは元気です。
妻のエマと２か月後に、日本に行こうと計画を立てています。子どもたち（ジャックとアン）もいっしょです。
ナオトの家族といっしょに、すてきな日本の文化、中でも日本の伝統料理である「和食」を楽しみたいです。
早く会いたいね。

ハリーより

なんて書いてあるの？

おおー、仕事でイギリスに出張したときに、お世話になった家族からだ。

「家族4人で、日本に行く計画をしている。ぜひ和食を楽しみたい」と書いてあるよ。カズと同じ11さいのジャックと、サクラと同じ8さいのアンがいっしょだ。

ええ!?
そんな高いところ!?

すごいわ。
日本の和食のことをご存知なのね。
だったら、やっぱりあの有名な料亭の「ぶんけい亭」にお連れしましょう！

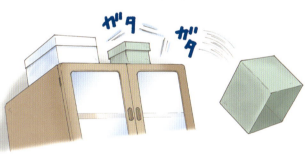

そりゃいい！
ぶんけい亭には、おれさまのなかまもいっぱいいるからな！

「和食」ってなに？
家族会議がはじまりました。

箸で食べられるものは、全部和食ってよぶの？

お赤飯は和食、白いごはんも和食。ごはんが和食なら、カレーライスも和食なんだよね？

和食と日本食は同じ？昔からあったのかしら？

みそ汁はよく食べるけど、みそ汁が和食の代表なの？

魚料理があれば、和食なの？

ステーキがド〜ンとあるものとは正反対なイメージが和食にはあるが、質素なものが和食なんじゃないか？

そういえば、和食って、世界遺産だよね？

和食の教科書

1章

日本文化と和食

和食はどのように生まれたか？

和食の教科書

米と魚の和食文化のはじまり

「朝、昼、夕ごはんになにを食べましたか？」ときかれたらなんと答えるでしょう？「朝はパン。昼はスパゲッティやうどん、おにぎり。夜はごはんにハンバーグ」などと答えるかもしれません。しかし、朝にパンを食べて「朝ごはん」とはいっても、「朝パン」とはいいませんね。なぜなのでしょう？　米を主食にしてきたわたしたちの食文化をひもとくことで、その答えをさがしてみましょう。

朝ごはん？

朝パン？

稲作の開始

　現在、日本では米を食べる人が減ってきたといわれますが、それでも穀類の中でもっとも多く食べられているのは米です。日本では小麦も使われましたが、中心となったのは米でした。なぜなら、日本は雨が多く、夏は高温多湿の気候で、米の栽培に適していたからです。米は、同じ場所で栽培し続けることができ、単位あたりの収穫量が高いという利点も、米が発達した理由でしょう。

　大陸から水田稲作が九州に伝わったのは、縄文時代の終わりごろ（約3000年前）とされていますが、水田稲作が、九州から全国に広がるのは弥生時代（約2300年前）のことです。稲作は、田植えから収穫までの間、灌漑や雑草とりなど人手のかかる作業です。そのため、人々が集まって定住し農業集落がつくられ、やがて国家が成立すると、支配者たちは水田を積極的につくり、米を税としておさめさせるようになります。

灌漑ってなに？

水田に水路をつくって、稲作をするために必要な水を、水田に引きいれることじゃよ。

米文化の中で発展した副食　〜肉や魚、野菜類

　稲作は水田に水を入れる必要があり、そのための用水路やため池などがつくられました。そこには、コイやフナなどの淡水魚が生息していたので、それらを利用して副食（おかず）の1つとしました。海に近い場合は、海の魚や海そうなどもおかずとなりました。豆や野菜類も少しずつ栽培して利用しました。

　そのため、米を主食に、魚や豆、野菜類などを副食にする形が、次第に定着したと思われます。しかし、魚や野菜類は、「生」「そのまま焼く」「むす」「かんたんに煮る」「ゆでる」「塩漬け」などで十分な味つけはなく、しかもごはんの量がとても多かったので、日常に食べるおかずの量は少なかったと思われます。この他、野鳥、イノシシなど野獣類も食べましたが、次第に肉食の禁忌（してはいけないこと）が広がり、食べなくなります。

米文化の中で発展した発酵調味料　〜みそ、しょう油、酢の原型

　米や大豆の栽培が広がると、その加工についてもいろいろな工夫が行われました。あたたかく、湿気がある日本の気候は、食品を発酵させるのに適していましたので、米や大豆を材料に発酵食品がつくられました。和食の調味料となったみそ、しょう油、酢、酒、みりんなどは、すべて発酵調味料です。

　古代から儀礼などに欠かせなかった酒は、飲み物としてつくられましたが、調理技術が発達する室町時代からは、重要な調味料となりました。酢も米などから製造され、なます、さしみなどの調味料になります。また、大豆を主材料に発酵させたものは、みそと「ひしお」とよばれる調味料となりました。みそは、はじめは「なめみそ」として、調味料というよりおかずとして食べられていましたが、次第に重要な調味料となりました。さらに、ひしおから発展したとされるしょう油は、みそおけにたまった液を改良して、できたといわれています。

発酵調味料

微生物が行う、分解、酸化還元、合成などのはたらきを利用してつくった調味料のこと。みそ、しょう油は、大豆を材料に、カビ、酵母、細菌の3つを利用し、発酵させた後に熟成させてつくられます。

和食の教科書 和食はどのように生まれたか？

和食の料理形式の成立と発展（奈良〜安土桃山時代）

奈良・平安時代の貴族たち上流階級の人々は、むした米を中心にした大饗料理という料理形式をつくりました。また、これをもとに室町時代には、武士のもてなし料理である本膳料理形式が成立し、その後、庶民にも広まり、婚礼、行事などに定着します。さらに、茶の湯の発達とともに、季節や味、料理の心を大切にする懐石料理が誕生しました。

貴族のもてなし料理 〜大饗料理

平安貴族の大饗料理。大量のごはんを高くもり（左手前）、その向こうには、たくさんの料理がならんでいる。ごはんの周りにある調味料で味をつけながら食べた。
出典：「類聚雑集要抄」（東京国立博物館所蔵）

平安時代の貴族のもてなし料理は、「大饗」とよばれました。「強飯」とよばれる大量のむしたごはんを高くもり、となりに塩、酢、酒、ひしおなどの調味料を入れた皿が置かれます。ごはんの周りには、魚や鳥を材料にした皿がたくさんならべられます。その多くが、乾物やうす切り肉、塩漬け、乾燥したくだものなどで、現在のような料理とは少しちがいます。また、皿の数や内容は、身分によって異なります。食べるときには、手前の調味料で調味しながら食べたようで、味がついていないものが多かったと考えられています。

武士のもてなし料理 〜本膳料理

室町時代に成立した武士のもてなし料理は、脚つきの膳に料理をならべた形式です。最初の膳にごはん、汁とおかず（菜）が置かれ、二の膳にも汁と料理が置かれます。なんと、もっとも豪華な食事は七の膳まで用意されました。料理の内容は時代によって変化しましたが、その料理は客の身分によって異なりました。たとえば、魚や鳥をたくさん使いましたが、タイやコイ、ツルやハクチョウは、上流階級のもてなしに重要な食材でした。

また、膳の数や相手の身分に応じた形が重要だったので、できるだけ豪華に見えるように、一度に全部の料理をならべました。そのため、冷めたりかたくなったりするものも多かったようです。

おれさまが食べるのは、もちろんツルやハクチョウさ！

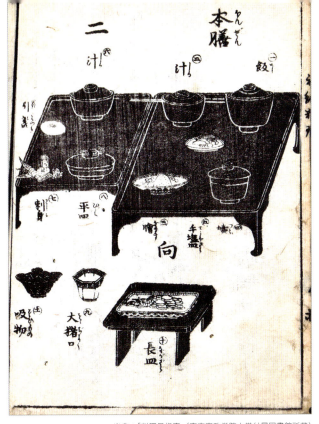

武士のもてなし料理である本膳料理。この図では、向こう側に人がすわる形になる。手前左にあるのは、酒を飲むための大猪口と、酒を飲むときに食べる吸物である。

出典：「料理早指南」（東京家政学院大学付属図書館所蔵）

茶の湯と懐石料理

本膳料理が、見た目の豪華さや客の身分により内容を変えることに対して、形式的ではない心からのもてなしを大事にしようとする気風が起こってきます。それが、茶の湯とともに生みだされた懐石料理です。

千利休によって完成された茶の湯は、かざりけのない、心からのもてなしが大切にされました。懐石料理もその精神をいかし、折敷※は1つだけ、ごはん、汁の他には2～3種の菜（おかず）に限定されました。食材は、季節のものを使い、素材の持ち味をいかすものでした。

本膳料理との大きなちがいは、1品を食べ終わってから次の料理が出されるため、温かいものは温かく、冷たいものは冷たくして、もっともおいしいタイミングで料理が出されることでした。また、食器も、季節や料理に合わせたものが使われました。

※料理の器をのせる四角い盆のこと。その周囲は低いふちがついている。

懐石料理

茶の湯と千利休

茶の湯とは、湯をわかし、茶をたてて、客人に茶をふるまう行為のことです。千利休は、茶器や茶室に質素でかざりけのない美しさを求め、今日の文化としての茶道の基礎をつくりました。

和食はどのように生まれたか？

和食文化の完成（江戸時代）①

　江戸時代になると、農業の道具や肥料などの改良により、食材の生産がさかんになります。また、船を使って大量に食材を運ぶことができるようになり、特に大坂（現在の大阪のこと）や江戸には全国の材料が集まりました。新しい江戸のまちには職人などの若者が多く、現在のファーストフードと同じように、安くてかんたんに食べられる食べ物屋が増加しました。

食料生産の広がり　～しょう油、かつお節、とうふなどの加工食品の発達

　江戸時代になると、各家でつくっていた加工食品が商品として大量に生産され、売買されるようになります。

　しょう油は、紀州湯浅（和歌山）でつくられ、16世紀前半の室町時代には大坂に運ばれて売られるようになりました。一方、関東地方ではややおそく、16世紀後半の室町時代に野田（千葉）でつくられるようになります。そして19世紀のはじめには、江戸での生産量も増加し、それまでは関西から江戸に運ばれていたしょう油が、関東のこい口しょう油として、大量に江戸に出回りました。それにともない、江戸ではしょう油を使った料理が定着していきます。

　また、かつお節の製造もさかんになります。かつお節は、かつおをおろして大がまでむし、これを乾燥させ、みがいてつくります。その多くは、けずって煮物などにかけましたが、だしをとる方法も、料理屋を中心に広まりました。

江戸時代のかつお節づくりの様子。かつおを加熱して干す。
出典：「日本山海名産図会」
（東京家政学院大学付属図書館所蔵）

平安時代に中国から伝来したとされるとうふは、かたいものでしたが、江戸時代になると、現在のとうふに近いやわらかなとうふがつくられるようになりました。とうふは比較的安い食材でしたが、油あげや焼きどうふは、さらに安く、日常の重要なタンパク源にもなりました。

江戸時代の食文化 ～食べ物屋の出現

江戸のまちには、職人などの若者がたくさんいたので、かんたんに安く食べられる、現在のファーストフードにあたる料理が発展しました。そばやうどん、天ぷら、にぎりずしなどです。

にぎりずしは、江戸前の海からとれる魚類を利用して、食べやすいようににぎったすし飯の上に、いろいろな魚をのせたものですが、のせる魚は、酢でしめた魚や、ゆでたエビのように調理されたものが多かったようです。

江戸時代の天ぷらは、魚をすり身にしてあげたものが主流でした。しかし、江戸時代後期の江戸のまちでは、シバエビやコハダ、アナゴなどを、水でといた小麦粉を衣にして、あげたものを天ぷらとよびました。火事が多かった江戸では、火事を防ぐために、屋外の屋台などで売られていました。

また、蒲焼きは、今の蒲焼きのように、ウナギをさいて、たれをつけながら焼きました。江戸の蒲焼きは、みりんとしょう油、関西の蒲焼きは、酒としょう油をつけて焼いており、すでに関東と関西で味つけが異なっていました。

焼き魚、煮しめなどは、今のそうざい屋にあたる煮売屋、菜屋で売っていたんじゃよ。

日本文化と和食

和食の料理の成りたち

世界に広がる和食の魅力

和食文化の完成（江戸時代）②

　18世紀半ばから、食べ物を楽しむゆとりが出てくると、都市部では高級料理屋が増加し、楽しみのための料理を紹介した料理書が出版されるようになります。また、本膳料理形式などが農村にも伝わり、婚礼などの儀礼食として明治以降にまで受けつがれました。さらに、料理屋を中心に会席料理の形式が成立し、和食完成期をむかえます。

お酒を楽しむもてなし料理 ～会席料理の成立

会席料理の例

一、前菜　二、さしみ　三、吸い物　四、焼き物（あげ物）
五、煮物　六、酢の物　七、止め椀　七、飯　七、香の物

止め椀、飯、香の物は最後にいっしょに出される。

　会席料理は、懐石料理と本膳料理の一部を組み合わせ、お酒を楽しむもてなしの料理として成立しました。一品ずつ順番に出され、それを食べながら酒を楽しみます。その内容は、吸い物、なます、煮物、焼き物、さしみ、和え物など、さまざまな料理が工夫されていました。吸い物は、みそもすましもあり、多くは魚介類、鳥類が材料になっていました。
　会席料理の最後に出されるのは、ごはん、汁、菜、香の物（漬け物）などです。しかし、次第に菜がなくなり、ごはん、汁、香の物のみが出されることが多くなります。時には、汁かけ飯、お茶づけ、そばなども出されるようになりました。
　現在、料理屋の多くに見られる懐石料理のほとんどは、最後にごはんが出される会席料理の形式です。家庭でのもてなし料理もこの形が多く、会席料理は現在まで、長く定着した形式といえるでしょう。

儀礼食の庶民への広がり

　武士の儀礼食として室町時代に成立した本膳料理は、18世紀半ばごろから、婚礼やいろいろな行事の儀礼食として、商家や農家にも広がっていきます。二の膳か三の膳、場合によっては本膳だけに何種か料理が加わったかんたんなものも多く、婚礼や正月などの行事には、ほとんどどこでも本膳料理

形式が使われるようになりました。

　山間地の農村の名主の家の婚礼でも、タイやエビなどの海の魚が使われており、海からはなれたところでも、家の大事なもてなしには、毎日の食事には使わない特別な材料が使われました。おそらく日常食は、名主といえども麦か雑穀のごはんに、一汁一菜と香の物くらいだったと考えられます。

　江戸時代後期に都市部に広がった料理屋では、各家で行われる儀礼のために、本膳料理を仕出しとして、配達したところもありました。決まった形をまちがいなく行うには、専門的知識と技術が必要だったために、家で全部の料理をつくることが少なくなります。

肉食禁忌の定着

　現在、多くの人が牛肉やぶた肉を食べることはふつうになっていますが、歴史的に見ると、肉食がきらわれ、公の席では食べない時代が長く続きました。天武天皇の時代、675年に肉食禁止令が出されますが、ウシ、ウマ、イヌ、トリ、サルのみを禁止し、イノシシなどは対象外でした。

けしからん！
肉を食べると
けがれる！

　この禁止令は、イネが神聖なものとみなされたために、イネが順調に育つようにとの禁令だったようです。

　これは次第に、「肉食をするとけがれる」という思想につながり、江戸時代には、牛馬はもちろん、イノシシやシカもさけられるようになりました（P13参照）。ただ鳥肉は、獣肉とはちがい、重要な肉料理として使用されます。特にツル、ハクチョウなどは、上流階層の吸い物などに使われました（P14参照）。また、ニワトリを飼育し、たまご料理が発展します。さらに、クジラは、分類上獣肉ですが、海にいるために魚としてあつかわれました。クジラ漁がさかんに行われ、肉も食用として重要なものでした。

はじめての料理書

　料理書は、江戸時代以前からありましたが、料理の専門家だけに伝えるためのものでした。しかし、江戸時代になると、一般の人を対象にした料理書が出版されます。

　はじめて出版された料理書は、1643年刊行の『料理物語』です。この本には、野菜類、イモ類、魚介類、鳥類などを材料とした料理があり、だしのとり方や汁、なます、煮物、焼き物などの料理と菓子類のつくり方ものっています。

和食の教科書
和食はどのように生まれたか？

変化する和食（明治時代から第二次世界大戦まで）

　和食文化は、古代以降、中国やポルトガルから伝来した食材や料理を受けいれ、変化させながら独自の食文化をつくってきました。明治時代になると、今度は欧米の食文化を取りいれ、それまでの和食と融合させるため、試行錯誤が行われます。今までさけられていた肉食を取りいれ、和食の調味料を使った新たな料理を考案するなど、工夫が重ねられていきます。

肉食禁忌から肉食の奨励へ

　幕末から、肉食を取りいれようとする動きが上流階層からはじまります。最後の将軍徳川慶喜は、イギリス公使など外国の公使を大坂城に招き、フランス料理でもてなしています。

　明治時代になると、東京では牛なべが流行しました。1人用の小さななべに牛肉とネギなどを入れて、しょう油とみりん、みそなどで味つけして煮ながら食べる料理です。これはのちに、「すき焼き」とよばれるようになります。肉は栄養的にもすぐれているとされ、上流階層を中心に広まりますが、すぐにすべての人たちが日常に肉を食べたわけではありませんでした。明治のはじめごろは、肉食のけがれ思想が庶民にも定着していたからか、肉を食べるときには、神だななどにおおいをし、肉を煮たなべは庭に持ちだし、2日も熱湯をかけてさらすくらい、おそるおそる食べていました。

　肉を食べて強いからだをつくることは、日本の国力を強める「富国強兵」としても奨励されましたが、日常の食べ物となるのは第二次世界大戦以降のことです。

ホントは、食べ終わったあとのなべを庭で熱湯をかけて、2日もさらしたんだぜ！

西洋料理の和食化 〜和洋折衷

　明治時代になると、西洋料理店が都市部を中心に開店しました。また、西洋料理書が出版され、はじめは翻訳本でしたが、すぐに西洋料理を学んだ日本人による料理書が出版されます。1900年以降には、西洋料理とそれまでの和食を組み合わせた和洋折衷料理を中心にした、家庭向けの料理書が数多く出版されるようになります。少しずつですが、家庭の主婦も新しい料理を取りいれるようになっていきました。

また、高等女学校※などでは、西洋料理や和洋折衷料理の調理実習が行われ、家庭に取りいれるきっかけにもなりました。このような折衷料理の多くは、「飯・汁・菜・香の物」の菜の一部として取りいれられ、ごはんに合うおかずとしてアレンジしたものがほとんどでした。

※現在の中学校から高校生にあたる女子が通う高等女学校のこと。

ごはんは、どんなおかずにも合いやすく、それが結果的に栄養バランスのよい食事になるのじゃよ。

コロッケ

カレー

コロッケ、カレー、オムレツは、当時の和洋折衷料理から生まれた。

戦争による食料不足

　1931年から、日本は少しずつ戦争体制に入り、次第に食料が不足していきます。特に第二次世界大戦がはじまる1939年以降は、限られた食料が国民にゆきわたるように、食料統制が行われます。まず、白米禁止令により七分づき米にして、米の節約がはじまりました。1941年には、米の配給制が行われ、成人1人1日当たりの配給量は2合3勺（330g）に定められました。今なら多い量ですが、当時の食習慣から見れば、ぎりぎりの量だったといえるでしょう。

　さらに、1940年からはきっぷ制度がはじまります。きっぷの範囲内で買い物をしなければならないもので、さとう、しょう油、みそ、塩などの調味料、たまご、魚、イモ、パン、牛乳など、ほとんどの食料品が配給になりました。そして、1945年には、米の配給も300gと減少し、ついには、米の代わりにイモや穀類の粉などが配給されました。このころの教科書には、たまごのからやイナゴなどを使ったふりかけの調理実習がのっています。終戦後の1950年ごろまで、深刻な食料不足が続きました。

きっぷ制になった食品例

さとう　小麦粉　たまご　塩　牛乳
酒　魚　しょう油　サツマイモ
みそ　米　ジャガイモ

和食の教科書　和食はどのように生まれたか？

食料難から食の国際化へ（昭和時代～現代）

1950年から、少しずつ食生活は安定していきますが、1960年代には、米の摂取量が減少しはじめます。また、1970年代にはファーストフード店、ファミリーレストランなどが次々に開店し、洋食の外食化が広がります。1980年前後の食生活は、栄養的にはバランスがよいとされましたが、その後は脂質の摂取量が多くなります。

パンが主食に　～学校給食の開始

　第二次世界大戦直後、日本人が食べてきた米より小麦粉の摂取がすすめられ、日本人に不足していた脂質や動物性食品の摂取がすすめられました。特に食料難の中で、子どもたちの栄養改善が急務として学校給食がスタートしました。当時、米が不足していたので、アメリカ合衆国から小麦粉を入手し、パンとミルク（脱脂粉乳）を中心にした完全給食がはじまったのは、1950年のことです。

　その後、米の生産量は急速に増加しますが、米飯給食がはじまるのは、パンを主食にした完全給食がはじまってから25年も経った1976年のことです。学校給食では、パンに合うおかずとして、肉を使った料理など、洋風の献立が出されました。子どもたちにとって栄養を満たす学校給食は、体位の向上にもつながり、健康を回復するうえで大いに貢献しました。しかしその一方で、油脂の多い洋風の食事が習慣化していくことにもなり、家庭でも洋風化がすすむと、和食の基本形が失われていくことにも影響をあたえたと考えられます。

1950年の学校給食

> 学校給食がはじまった1950年には、米が不足していたので、アメリカ合衆国から小麦を輸入して、パンが主食のメニューだった。この学校給食にパンが使われたことが、米の摂取量が減った原因の1つでもあるんじゃ。

栄養バランスがとれた食事　～日本型食生活のすすめ

　戦後の食料難が次第に解消され、米の生産量は増加、各家庭では米飯を主食とした「一汁二菜」程度の日常食が主流になりました。米と麦を合わせた穀類からの摂取エネルギー量は70％以上でしたが、1960年代以降、米の摂取量が減少し、1974年には、主食からのエネルギー量は約50％と減少します。
　これに対して、副食からのエネルギー量の割合が増加し、乳類、肉類、脂質の摂取量が増えていきます。そのころの食生活は、米飯を中心としていますが、副食には肉や乳製品がほどよく加わり、主食と副食

のバランスもとれていると評価されました。炭水化物、タンパク質、脂質からとるエネルギーバランスを測定するPFCバランスから見ると、1980年前後の日本人の食生活は、理想的なバランスであったといわれています。米を中心にしながら、魚や肉、たまご、野菜、豆、海そうなどに、牛乳・乳製品も適度に加えた食事が「日本型食生活」としてすすめられました。

その後、米飯の摂取量はさらに減り、脂質の摂取量が増加していきます。このことから引きおこされる肥満、糖尿病などの生活習慣病は、大きな社会問題となりました。

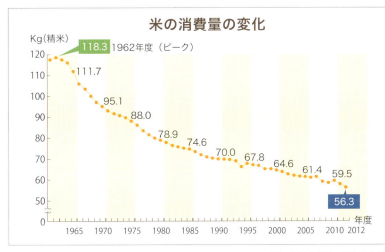

出典：「食料需給表」（農林水産省）

PFCバランス

わたしたちが健康にすごすために、毎日摂取すべき栄養素全体のバランスを計るものさしの1つです。体内で熱を出す3大栄養素、すなわちタンパク質（Protein）、脂質（Fat）、炭水化物（Carbohydrate）がそれぞれ出す熱量の割合をPFC比とよび、その望ましい割合はP（13〜20％）、F（20〜30％）、C（50〜65％）とされています。このバランスがよいことが、「和食」の特徴の1つでしたが、1990年代からはF比の高い人が増えています。

和食の見直しと再評価 〜「和食」がユネスコ無形文化遺産に

2013年12月、「和食；日本人の伝統的な食文化」がユネスコ無形文化遺産に登録されました。和食という個別の料理ではなく、日本人の食文化がみとめられたのです。特に、「自然の尊重」という日本人の精神や健康な食生活への貢献が、その特徴とされました。米をはじめ多様な農産物とその加工品や料理は、日本の自然条件の中で育まれた食文化です。行事と行事食は、自然（神）へのいのりや願いがベースとなっていますが、地域や家族で食事をすることで、きずなを深めることにもつながっています。

また、「日本型食生活」の基礎にもなった「飯・汁・菜・香の物」は、何百年も続いてきた和食文化の特徴です。和食を見直すということは、古い形にもどることではありません。その内容は、技術の進歩や各時代の嗜好などに合わせて変化しながらも、すぐれた知恵や技術、そこにこめられた思いなどは、もう一度見直して次世代に受けついでいきたいものです。と同時に、世界から注目されている和食文化にほこりを持ち、海外に伝えることも期待されています。

和食の教科書 — 和食はどのように生まれたか？

和食年表

和食は、縄文時代に稲作が伝わったのにはじまり、中国やヨーロッパ、アメリカ合衆国などの影響を受けながら、工夫を積みかさね発展してきました。その道のりを見てみましょう。

時代	世紀	和食がたどった道
縄文時代	紀元前3000年	ドングリなどが重要な食料になる。
縄文時代	紀元前2500年ごろ	稲作（米づくり）が伝わる。
弥生時代	紀元前200年ごろ	稲作が広がり定着する。魚を発酵させた「なれずし」が登場する（p55参照）。
弥生時代	240年ごろ	『魏志』倭人伝には「倭（日本）では、生野菜を食べる、手で食べる」とある。
古墳時代	500年ごろ	かまどを使って、米をむして食べるようになる。
飛鳥時代	7世紀	中国に遣唐使を送る。大陸の食文化がもたらされる。 675年、天武天皇が「牛・馬・犬・さる・にわとり」の食用を禁止する。
奈良時代	8世紀	牛乳を煮つめてつくった「蘇」が朝廷におさめられる。 箸の利用が広がる。
平安時代	8〜12世紀	大饗料理や年中行事が中国の影響で貴族において行われる（p33参照）。 とうふが中国より伝わる。 抹茶が伝わる（p68参照）。
鎌倉時代	12〜14世紀	植物性食品のみを使った精進料理が発展する。
室町時代	14〜16世紀	武士のもてなし料理である本膳料理が生まれる（p14参照）。 包丁人とよばれる料理人が誕生する。
安土桃山時代	16〜17世紀	千利休により茶の湯が完成する（p15参照）。 懐石料理が定着する（p15参照）。 南蛮（スペイン、ポルトガル）貿易により、カステラなどが伝わる。
江戸時代	17〜19世紀	日本初の料理書『料理物語』が出版される（p19参照）。 都市部に、食べ物屋や料理屋が出現する（p17参照）。 会席料理が生まれる（p18参照）。 肉食禁忌が定着する（p19参照）。 飢饉に備え、サツマイモやジャガイモの栽培がすすめられる（p34参照）。

時代	世紀	和食がたどった道
江戸時代	17～19世紀	● 和菓子の完成（p68参照）。 ● 江戸で、にぎりずしや天ぷらが流行する（p17参照）。
明治時代	1868年～1912年	● 肉食が解禁になり、牛なべが流行する（p20参照）。 ● 『西洋料理指南』などの西洋料理書や、家庭向けの料理書が出版される（p20参照）。 ● 西洋料理店が発展する。 ● 米の摂取率が平均53％になる。
大正時代	1912年～1926年	● 物価の値上がりと米不足で、ジャガイモ・パンなどを食べるようにすすめられる。 ● 国立栄養研究所が開設し、栄養学が発展する。 ● 都市部で、和洋折衷料理が広まる（p20参照）。
昭和時代 （戦前・戦中）	1926年～1945年	● 都市部の百貨店食堂で、お子様ランチなどが登場。 ● 戦争による食料不足で、米などほとんどの食品が配給きっぷ制になる（p21参照）。 ● イモなど米の代用食の増産がすすめられる。
昭和時代 （戦後）	1945年～1989年	● ミルクとパンの学校給食がはじまる（p22参照）。 ● 各地に闇市ができる。 ● 厚生省（現厚生労働省）が日本人の栄養基準値を決める。 ● 即席ラーメンなどインスタント食品が開発・販売される。 ● 日本型食生活が提唱される（p22参照）。 ● ファミリーレストラン・ファーストフード店が増加する（p22参照）。 ● 洋食化がすすみ、米の摂取量が減少する（p22参照）。
平成	1989年～	● 食料自給率（p75参照）が39～40％に低下する。 ● レトルト食品の売上が増加する。 ● 電子レンジの普及率が約90％になる。 ● 遺伝子組みかえ食品が登場する。 ● 阪神淡路大震災、東日本大震災により災害食が注目される。 ● 家庭料理の変化や家族の孤食化などの問題が生まれ、和食が見直されるようになる。 ● 2013年、和食がユネスコ無形文化遺産に登録される。

出典：「和食 WASHOKU 日本人の伝統的な食文化」（農林水産省）より作成

日本文化と和食

和食の料理の成りたち

世界に広がる和食の魅力

季節の行事や祭りと和食

和食の教科書

行事や祭りの和食

行事や祭りに用意される食べ物は、日常とは少しちがう特別な食べ物が用意されます。それは、人の力をこえた自然（神）などへのいのりが根底にあるからです。行事や祭りにこめられた特別な思いは、そこに集う人々が共に同じものを食べることでつながり、強いきずなで結ばれ、地域のほこりとして、次世代に長く受けつがれてきたものが多いといえるでしょう。

神へのもてなし 〜神饌と直会

自然は、米をはじめたくさんの食材をわたしたちにあたえてくれますが、同時に自然災害をももたらします。人間がコントロールできない自然を神としてあがめ、神にいのりをささげることによって、災害をさけ、めぐみを得たいと願うために、神をもてなす食べ物を用意し、それを神にささげました。これが「神饌」で、神をむかえる儀式などが行われるようになりました。

神饌の前でいのり事が終わると、その食べ物は下げられ、みなで味わうことになります。神にささげたものをみなで味わうのが「直会」で、神に守られることが期待されました。これを「神人共食」とよび、行事や祭りなどさまざまな儀礼の大もとになりました。

神にささげる神饌は、本来、調理されたものでしたが、明治時代からは、米、塩、魚、野菜類などをそのまま、そなえるようになりました。

写真提供：吉野亨氏

健康と長寿を願う 〜ハレの日の食事

行事や儀礼にともなう食は、日常には食べられない、ごちそうが用意されました。このハレの日（神に健康、長寿、豊作などを願う特別な日のこと）のごちそうに欠かせないものが、米やもち、米からつくる酒です。

おせち料理や雑煮を食べる正月、七草がゆを食べる節句、ひな祭り、5月5日の端午の節句などは、いずれも健康や長寿を願う行事です。

たとえば、七草がゆは、夜明けに恵方を向いて、はやし唄を歌いながら、青菜をきざみ、かゆに入れて食べる儀式が行われました。病気を起こす悪い気をはらい、あらゆる病気をのぞくことができると考えられたのです。節分に、焼いたイワシを門にかざり、魔よけとする習慣も、長く伝えられたものです。ちまきやかしわもちで健康を願う端午の節句、そうめんを食べて無病を願う七夕なども、同様のいのりをこめた行事です。

1年のはじまりを祝う ～おせち料理

正月は、その年の歳神様（歳徳神）をおむかえすることで、「1年間、何事もなく幸せでありますように」との願いをこめて、家族が集まり食事をする行事です。12月から、神だなや門松、しめなわを用意し、白木の箸を何本もけずりました。

おせち料理にもられる料理は、時代によってさまざまです。現在のように重箱にいろいろな料理をまとめるのは、江戸時代後期以降のことです。

数の子は子孫繁栄、黒豆はいつまでもまめ（健康）で、田づくりは豊作であるようになど、それぞれに意味があり、いのりをこめた料理として受けつがれている。

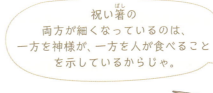

祝い箸の両方が細くなっているのは、一方を神様が、一方を人が食べることを示しているからじゃ。

各地で千差万別 ～雑煮と地域性

雑煮は、室町時代には、すでに食されていたようです。江戸時代に入ると、婚礼や行事のハレの料理として広まり、その後、正月には欠かせないものとなっていきます。

現在の雑煮は、各地でその形、味つけ、材料にも、地域の特徴ある独自のものが定着しています。全国で見てみると、中部地方より東は、角もちが多く使われ、それより西は、丸もちが使われています。さらに、焼いて入れるか、ゆでて入れるか、そのまま入れてしまうかなど、調理法もわかれています。みそで調味するところ、塩としょう油で調味するところ、また、だしの引き方にも地域性が見られます（p97参照）。

和食の教科書　季節の行事や祭りと和食

通過儀礼と儀礼食

人が誕生してから死にいたるまでの一生の間に通過する、誕生、お食い初め、七五三、成人式、婚礼、還暦、葬儀などの儀礼を「通過儀礼」または「人生儀礼」とよびます。いずれも行事と同様に、神に健康をいのり、神人共食をすることは共通しています。また、儀礼を行うことで、社会にみとめられることにも、重要な意味がありました。

● 生後100日目のお祝い　〜お食い初め

子どもの生存率が低かった時代は、成人するまでにいくつもの儀礼が行われました。節目ごとに健やかな成長を祝い、その後のさらなる成長を願ったのです。

生後7日目は、古代から続く「お七夜」の祝いが行われます。生まれた子どもに名前をつけ、赤飯などをたいて祝うものです。また、生後1か月目には、ここまで無事に育ったことを氏神様に報告する「お宮参り」で、神社にお参りします。

さらに、生後100日目は、「お食い初め」とよばれる儀礼があります。これは、子ども用の小さなお膳に本膳料理と同じように、赤飯、汁、菜、香の物に、タイなどの焼き物を加えた一汁三菜のハレの膳を用意して、一生食べることにこまらないようにと願います。

じょうぶな歯がはえてくるようにと、歯がための石やクリなども置く。

子どもの健やかな成長を願う　〜初節句

子どもが生まれてはじめてむかえる節句を初節句といいます。女の子の初節句は、3月3日のひな祭りで、上巳の節句（または桃の節句）とよばれます。初節句の儀礼は、江戸時代になると庶民にも広がり、ひな壇には、ひしもち、いり豆、サザエやハマグリなどをそなえ、祝い膳をつくって白酒をふるまいました。また、男の子の初節句は、端午の節句とよばれ、五月人形をかざり、かしわもち、しょうぶ酒などをそなえます。いずれも、神様に子どもの成長を感謝し、その後の成長をいのる通過儀礼です。

家族がふえるお祝い　〜婚礼

　婚礼は、通過儀礼の中でも大きなもので、個人を祝うというより、家と家との重大な儀式でした。特に家長(その家の主人)の婚礼は、その家の格式に合うよう、代々記録して次に伝えていきました。それは武士だけでなく、商家、農家でも同様でした。たくさんの客を招き、その客の身分によって、料理や膳の数なども変化させたために、何日にもわたって宴が開かれました。

　本膳料理をもとにし、二の膳から三の膳(二汁五菜から三汁七菜)の料理が出されました。日常の食事からは想像できないほど、豪華な魚や鳥類を材料とした料理がならびます。これは地域によっては、第二次世界大戦後も続く婚礼の形でした。しかし、次第に手間のかかる婚礼料理を家でつくることがむずかしくなり、1920年以降はホテルなどで婚礼をあげるようになります。料理も、ホテルでは原則として西洋料理を提供していたため、洋食が選ばれるようになりました。

人生最後の儀礼　〜葬儀

精進料理

　高齢になると、厄払いをして長寿を祝う「年祝い」という儀礼があります。60歳を祝う還暦に続き、古希(70歳)、喜寿(77歳)、米寿(88歳)、卒寿(90歳)、白寿(99歳)の年祝いがあります。食事内容は、必ずしも決まっていませんが、赤飯やタイの焼き物などで祝います。

　葬儀は、通過儀礼の最後の儀礼です。個人が信じる宗教によって、そのやり方が異なりますが、仏式の通夜では、精進料理(p98参照)が出されます。がんもどきやシイタケ、コンニャクなどの煮物や、野菜類をあげた精進あげなどです。そして、葬儀が終わると、「精進落とし」といわれる、魚介類などを使用した料理が出されます。現在は通夜でも、にぎりずしなど精進料理ではない料理が出されることが多くなりました。

通過儀礼と赤飯

　赤飯を食べる習慣はかなり古く、平安時代の貴族の食卓にも見られます。そのころの節句には、豆を入れた今日の赤飯ではなく、赤米をむしたものでした。

　その後、江戸時代にも赤飯が行事に出されていますが、煮たあずきを、もち米とうるち米に混ぜてむしていました。現在の赤飯と似ていますね。

　また、赤飯は必ずしも祝いばかりではなく、地域によっては、お盆、通夜、墓参りなどにも用意されます。

日本文化と和食

和食の料理の成りたち

世界に広がる和食の魅力

地域性をいかした和食 〜郷土料理

和食の教科書

地域の食材や調理の特徴

　北から南まで、気候風土のちがう日本列島では、地域で育つ農産物、海や川でとれる魚介類もちがいます。同じイモでもあたたかな地方では、サツマイモ、高地や寒い地方ではジャガイモが育ちます。各地域でとれる食材を、地域の自然条件に合わせて調理・加工が工夫され、地域特有の郷土料理がつくられました。

南北に長い日本列島 〜食材の地域性

守口大根

　南北に長い日本列島は、年間の気温、雨量などが異なるだけでなく、海に近い地域と海からはなれた山間部もあり、各地域で野菜、イモ、豆類や魚の種類もちがいます。

　野菜類の中でもダイコンは、汁、煮物、漬け物などの材料として、各地に合う品種がつくられました。江戸の練馬大根、大坂の守口大根、名古屋の尾張大根など、地名をとった特徴あるものが栽培されました。

　山間部では、水田が開けず、小麦や雑穀などが主食になりました。米の代わりに小麦粉を使ったうどんなどが定着しています。

　また、地域の自然条件により、加工品にも特徴がみられます。冬に雪の深い地域では、秋のうちに野菜類がこおらないようにワラで囲み、雪が積もるのを待ちます。雪の中でねかせた野菜は、特にあまくなるとのこと。山形県の雪菜は、さらに雪の中で新しい芽を出させてつくる、江戸時代から続く栽培方法です。

おまえら、早くやれ〜！
ぶるぶるっ

気候・風土により調理法もさまざま

冬の寒さがきびしい北海道や東北地方などでは、からだが温まるように、いろいろな食材が一度に食べられる、なべ物や具だくさんの汁が発達しました。北海道の「石狩なべ」、秋田の「きりたんぽなべ」、宮城の「どんこ汁」などです。あたたかな九州地方では、暑い夏でものどを通りやすい「冷や汁」をごはんにかけて食べます。

また、漬け物は、地域の自然条件により特徴あるものが見られます。秋田の「いぶりがっこ」は、いろりの上でいぶした漬け物です。長野県の木曽地方では、塩を入れないで乳酸発酵させた「すんき漬け」があります。

きりたんぽなべ（秋田）

みその種類

■ **米みそ**
- 津軽みそ：長期間成熟させる辛口の赤みそ
- 仙台みそ：江戸初期につくられはじめた辛口の赤みそ
- 信州みそ：山ぶき色の辛みそ
- 江戸あまみそ：みそよりこうじを多くした赤系のあまみそ
- 西京みそ：関西のあま味のある白みそ
- 讃岐みそ：香川のあんもち雑煮などに使うあまい白みそ

■ **麦みそ**
- 九州・四国・中国：麦こうじを用いた山ぶき色のあま味のあるみそ

■ **豆みそ**
- 三州みそ・八丁みそ：米や麦のこうじを使わない赤みそ。愛知、岐阜、三重などに分布。

みそは、大豆をむし、それをつぶし、塩とこうじ、水分を加えて発酵させて、つくるんじゃ。

エッヘン！おれさまもひとこと！豆みそは、古いタイプのつくり方で、むした大豆をこぶし大のみそ玉にしてつくるのさ！

発酵調味料は地域によるちがいが大きい

みそには、発酵させるこうじによって「米みそ」「麦みそ」「豆みそ」にわけられ、味もかおりも異なります。九州や四国地方の一部で使われる麦みそは、他のみそに比べあまみが強いものです。豆みそは、名古屋を中心とした地域で使われ、コクのあるものです。米みそは、米こうじの量や塩分などにより、色や味が異なります。地域の名前をつけた「仙台みそ」「信州みそ」などは、地域特有のものです。

しょう油は、大豆、小麦などの配分や発酵過程によって、「こい口」「うす口」「たまり」「再仕こみ」「白しょう油」などがあります。特にこい口は、関東以北で発達し、うす口は、関西で使われてきました。白しょう油は、原料のほとんどが小麦で、愛知県で使われています。さらに九州では、みそ同様、あまいしょう油が好まれます。

また、調味料をどのように組み合わせるかについても、地域差が見られます。うどんの汁には、関東は、こい口しょう油、みりん、さとうなどが使われますが、関西では塩、うす口しょう油、酒、みりんなどが使われています。

和食の教科書 — 和食はどのように生まれたか？

郷土料理と地域性

各地域で長く受けつがれてきた料理を「郷土料理」といいます。料理には、日常手に入る食材を中心とした料理と、特別な行事などの料理があります。それぞれ土地で生産される食材を中心に工夫された料理が多く見られますが、他地域の食材が定着した料理や、歴史的背景が強く影響したものなどもあります。

郷土料理の成りたち

「郷土料理」「郷土食」という言葉は、1940年ごろ、さかんに使われるようになります。それは戦時下において、食料自給のために各地の食材を見直そうとしたからです。人々が工夫し伝えてきた料理のほとんどは郷土料理といってもよく、有名なものだけが郷土料理ではありません。郷土料理の成りたちを見ると、日常（ケ）食と、特別（ハレ）な食として定着したものとがあります。

それらはさらに、①おもに地域で生産され、地域の自然条件に合わせて発展・定着したもの、②おもに他地域の食材を用い、自然環境を利用したもの、③おもに社会的・歴史的・宗教的理由により成立・発展したもの、の3つにわけられます。しかし、その成立は単純ではなく、①と②が組み合わされる場合や、①②③が関わるものなど、かんたんに分類することはできません。長い時間かけて育んできた郷土料理には、その地域の人々の知恵と思いがつまっているのです。

❶ おもに地域で生産され、地域の自然条件に合わせて発展・定着した郷土料理・加工品

石狩なべ（北海道）

寒い地方でとれるサケを主材料に、野菜類を入れたなべ物。いろいろな食材が一度に食べられ、からだも温まる。

ぶり大根（富山）

ぶりのあらなどと、ダイコンを煮た料理で、全国に広まっていった。

カライモごはん(鹿児島)

サツマイモを入れたごはんのこと。あたたかな地方で育つサツマイモは、鹿児島を経て全国で栽培されるようになった。

❷ おもに他地域の食材を用い、自然環境を利用した郷土料理・加工品

ワニのさしみ(島根)

中国山地に位置する備北地方のサメの郷土料理。サメは島根県などの海でとれるが、山間部まで運んでも、肉に生じるアンモニアにより保存性が高まる。そのため、冷蔵庫のなかった時代でも、さしみとして食べることができた。

❸ おもに社会的・歴史的・宗教的理由により成立・発展した料理

しっぽく料理(長崎)

江戸時代に中国から伝わった料理の形式をいかし、それにオランダ料理などの影響も加えてアレンジした料理。

すし

すしは、もともと魚を保存する方法の1つとして古代から行われていた。フナなどの魚に塩をして重しをかけて漬け、これにごはんを加えてさらに発酵させ、塩分と乳酸菌のはたらきで保存性が高まることを利用したものだ。これを現在は「なれずし」とよんでいる。

しかし、江戸時代には飯に酢で味つけしたものが「早ずし」として広まり、現在のすしに近いものとなる。「にぎりずし」は江戸時代後期に考案されたもので、現在は、「江戸前ずし」とよばれている。これらをもとに、各地域の食材をいかした郷土料理のすしとして発達した。

日本文化と和食

和食の料理の成りたち

世界に広がる和食の魅力

和食はどのように生まれたか？

災害と食

　2011年3月11日、東北地方の三陸海岸を中心とした東日本一帯に、いまだかつてないような大震災が起きました。5年近くたった今も、復興が十分できているとはいえません。歴史をふり返ると、このような想定外の災害は、実は各地でしばしば起きています。人々はそのたびに立ち上がり、復旧・復興を果たしてきました。

　飢饉が多かった江戸時代には、災害が起きたとき、食べ物にこまらないように、日ごろから対策を立てておくことが奨励されました。災害食として飢饉に備えた対策は、米や塩を少しずつ残して貯えておくことでした。特に、米を玄米やモミつきで貯えることや、イモや、海そうなどを、乾物に加工して貯蔵することが求められました。さらには、冷害などの被害が少なく、比較的やせた土地でも育つサツマイモやジャガイモなどが栽培されました。

　災害は過去のことだけではなく、これからも起きる可能性があります。現在は、電気やガスを使わなくても調理ができる道具や、水を加えればたけるごはんなどがあります。どんな食材でも、自分でかんたんな調理ができるように、食事づくりの能力をつけておくことが大切です。

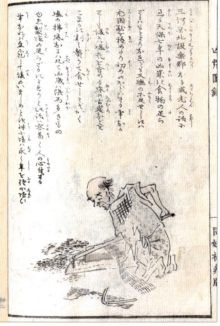

天保の飢饉（江戸時代）の様子。飢饉で食べ物がなくなり、古いむしろの塩分を取って食べている。
出典：「凶荒図録」
（東京家政学院大学付属図書館所蔵）

防災グッズ

災害に備えて、最小限そろえておきたい食品。

水、主食（レトルトごはん、めんなど）、主菜（かんづめ、レトルト食品など）、かんづめ（くだもの、あずきなど）、野菜ジュース、加熱せずに食べられるもの（かまぼこ、チーズなど）、菓子類（チョコレートなど）、栄養補助食品、調味料（しょう油、塩など）。

出典：「東京防災」（東京都）より作成

2章
和食の料理の成りたち

献立は、一汁三菜が基本

和食の教科書

一汁三菜ってなに？

「一汁三菜」ってなんのことでしょうか？「汁」ってみそ汁のこと？「菜」って野菜のこと？　和食は、一汁三菜が基本だといわれています。ここでは、一汁三菜について学び、和食の深くて広い調理の世界を探検していきましょう。

献立ってなに？

わたしたちは、どのような食事をつくろうか考えるときに、どのような料理にしようか、何品にしようかと料理を選び、その組み合わせ（食事構成）を決め、その手順を考えます。これらのことを、「献立を立てる」といいます。

一汁三菜ってなに？

和食の献立は、「一汁三菜」が基本です。
一汁三菜は、ごはんはもともとあるものと考えて、1つの「汁」と3つの「菜」のことです。菜は、おかずのことで、魚などの主菜料理1つ、野菜などの副菜料理2つの組み合わせです（p38参照）。また、漬け物も、一汁三菜の数には入れません。つまり、ごはん、汁、3つのおかずと漬け物で、一汁三菜というわけです。
一汁三菜のもとになったのは、武士のもてなし料理である本膳料理です（p14参照）。本膳料理の最初に出された膳をもとに、和食の「一汁三菜」が定着しました。

きのこの包みむし

ごはん

秋の一汁三菜の献立

秋の代表的な一汁三菜の献立を考えてみました。

白いごはんに、汁は根菜のみそ汁。「三菜（おかず）」は、アジの塩焼き、サトイモのふくめ煮、きのこの包みむしです。それに、ハクサイの漬け物が加わります。

この時期の食材は、寒さにたえて、一段とおいしさが増しています。その食材を使って、アツアツのみそ汁とふくめ煮に。新鮮なアジは、そのすがたのまま塩焼きにしました。きのこも加わり、秋の味覚いっぱいの一汁三菜の献立です。

おいしそ〜！

アジの塩焼き

サトイモのふくめ煮

ハクサイの漬け物

根菜のみそ汁

日本文化と和食

和食の料理の成りたち

世界に広がる和食の魅力

和食の教科書

献立は、一汁三菜が基本

一汁三菜は、主食・主菜・副菜の組み合わせ

前のページで、和食の一汁三菜は、ごはんと3つの菜（おかず）の組み合わせであることを学びました。ここでは、一汁三菜をもとに考えられた「主食・主菜・副菜」について、くわしく見てみましょう。

● 主食・主菜・副菜ってなに？

◉ 主食

ごはんやパン、めん類のことです。主食がごはんかパンかによって、おかずも変わってくるので、主食は食事全体を決めるとても大切なものです。

主食のおもな栄養素は、炭水化物で、からだの中ではエネルギー源（熱や力）になります。

◉ 主菜

おかずの中心になる料理で、魚や肉、たまごや大豆などを主材料にした料理です。

主菜は、タンパク質や脂質を多くふくみ、からだの血や肉になって、からだをつくるもとになります。

◉ 副菜

野菜やイモ、きのこ、海そうなどをおもな材料にした料理のことです。主食や主菜の足りない栄養素をおぎない、食事の味やいろどりを豊かにします。

副菜は、ビタミンやミネラル、食物繊維などを多くふくみ、からだの調子を整えるなどのはたらきをします。

ごはんの他にも、パンやうどんも主食なんだね。

米や小麦粉などでつくられるものが、主食じゃ。主食のおもな栄養素は、炭水化物で、カズやサクラのエネルギー源になるんじゃよ。

おれさまの大すきなステーキやフライドチキンは、主菜っていうことだな。

● 一汁三菜と主食・主菜・副菜

はじめのところに「主食・主菜・副菜は、一汁三菜をもとに考えられた」といいましたが、この2つはどんな関係にあるのでしょうか？

一汁三菜は、ごはん、汁、3つの菜（おかず）、漬け物でしたね。では、これらの料理が、「主食・主菜・副菜」のどれに当たるか、右の表を見て考えてみましょう。

和食クイズ

一汁三菜の秋の献立（p36）の次の料理が、「主食・主菜・副菜」のどれにあたるか、考えてみましょう。

- ごはん：（　　　　　　　）
- アジの塩焼き：（　　　　　　　）
- きのこの包みむし：（　　　　　　　）
- 根菜のみそ汁：（　　　　　　　）
- サトイモのふくめ煮：（　　　　　　　）
- ハクサイの漬け物：（　　　　　　　）

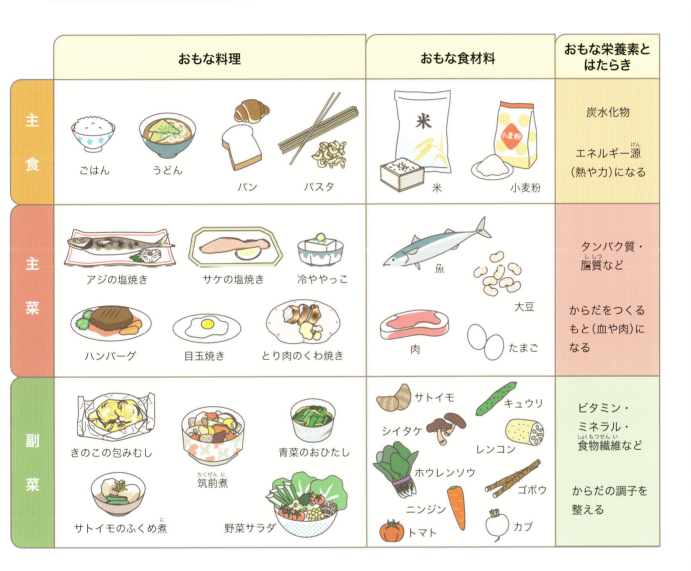

ごはんは主食です。

3つの菜（おかず）のうち、アジの塩焼きは、魚が材料ですので主菜になります。サトイモのふくめ煮と、きのこの包みむしは、野菜がおもな材料ですので副菜になります。根菜のみそ汁とハクサイの漬け物は、「主食・主菜・副菜」のどれにもあたりませんが、食事をおいしくする大切なものです。

ここでは、「主食・主菜・副菜」という言葉と、それがどんな料理にあたるのかを覚えておきましょう。くわしいことは3章で学習します。

ごはん：主食／根菜のみそ汁：主食・主菜・副菜のどれにもあたらない／アジの塩焼き：主菜／サトイモのふくめ煮：副菜／きのこの包みむし：副菜／ハクサイの漬け物：主食・主菜・副菜のどれにもあたらない

和食を支える日本の食材

旬と地域

写真の料理を見て、いつごろの季節を連想しますか？ きのこ、サトイモからは秋？ ダイコンやハクサイからは冬？ そうです。これは秋に、おいしく食べてほしいと考えてつくられた料理です。季節が変われば、食卓にならぶ料理もちがってきます。使われる食材も、その季節の食材に変わっていきます。特に、日本は四季がはっきりしているため、季節ごとに育つ食材も、はっきりと異なるのです。このため、和食は季節ごとの旬の食材にめぐまれているのです。

旬ってなに？

「旬」とは、それぞれの食材が、最もおいしい時期のことです。この時期は、食材の収穫の最盛期と重なることが多いため、市場に大量に出回り、値段も安く入手しやすくなります。また、1年中で最も成分が充実し、豊富な栄養素をふくみます。日本列島は南北に長いため、その気候のちがいから、同じ食材でも、地域により旬の時期がちがいます。つまり、出荷の時期が地域(産地)ごとにずれるので、同じ食材を長い期間おいしく食べることができるのです。ビニールハウスの活用で、1年中食べられる食材も多く見られます。

秋の献立から見る旬と地域

季節がちがうと、食卓にならぶ料理も、食材も異なることがわかりました。しかも、同じ季節でも、地域によって旬の食材は異なります。みなさんの住んでいる地域では、秋にどのような料理、どのような食材を食べるでしょうか？ 右の献立をもとに、季節(旬)、地域のちがいで、どんな料理への展開ができるかを考えてみましょう。

米（主食）

旬 秋のはじめの収穫期の、新米の時期が旬。味もかおりも食感も、最もおいしい。

地域 品種改良がくり返され、それぞれの地域に合った、おいしい米が栽培されている。あたたかい沖縄や鹿児島では、同じ田んぼで1年に2回米をつくることができる（二期作）。また、米を収穫した後の田んぼに、地域に合った作物を栽培する二毛作は、日本中どこでも行われている。現在、400種くらいの品種が栽培されており、消費者が、自分の好みに合った米を選んで食べるようになってきた。

アジって、日本の周りを移動しているのね。

魚はおれさまの大好物なのに、おまえ、そんなことも知らなかったのか！

あれ？オーワンの好物って、肉じゃなかったっけ？

きのこ（副菜）

旬 マツタケをのぞき、人工的に栽培されており、1年を通し入手可能になっている。種類によっては、春に発生する「ハルシメジ」、夏に発生する「チチタケ」などがあるが、一般的な旬は秋で、きのこは秋の味として親しまれている。

地域 マツタケなど野生のきのこは大変めずらしく、どこにはえているかといった情報は、家族にも教えないといわれている。栃木のチチタケ、長野のクロカワなど、その地域だけで好まれて食べられる、地域性の高いきのこもある。

サトイモ（副菜）

旬 秋から冬の食材で、品種により旬の時期が異なる。8～9月に旬をむかえる「土垂」や「石川早生」は、お月見のおそなえ用として、冬が旬になる「八頭」や「エビイモ」は正月料理の食材として使われる。

地域 千葉、埼玉などの関東は、8～12月ごろに出荷の最盛期をむかえる。その後、10～3月にかけて、鹿児島、宮崎など九州での出荷になる。

アジ（主菜）

旬 あたたかい海を好むアジは、日本の周りの海全域に生息している。回遊魚（季節などにより一定の経路を移動している魚）のため、九州で春先に漁獲された後、季節とともに北上し、1年中入手できるが、産卵前の脂がのった春から夏が旬になる。

地域 特定の場所にいついたアジがおり、住む場所のエサのちがいから、ブランドアジ（愛媛の岬アジ、大分の関アジなど）も流通している。

ホウレンソウ（副菜）

旬 ビニールハウスを活用し、植えつけ時期をずらすことで、1年中の収穫が可能になった。とはいえ、旬は冬から春で、霜に当たる冬はあまくなり、春先は、冬の寒い時期に栄養分をたっぷり貯えて育ち、やわらかくて緑がこい、旬ならではのおいしさがある。

地域 千葉、埼玉、群馬、茨城といった関東で、全国の約1/3が栽培されている。関東、東北の「寒じめホウレンソウ」は、収穫前に、あえて冬の寒い空気にさらし、あま味が増すように栽培する。

日本文化と和食　和食の料理の成りたち　世界に広がる和食の魅力

和食を支える日本の食材

気候・風土が育む多様な食材

周囲を海に囲まれ、山や川が多く、さまざまな地形を持つ日本は、その土地それぞれで収穫される海の幸、山の幸、里の幸など、豊かな食材にめぐまれています。さらに、日本列島は南北に長く、気候も南と北ではちがうので、多種多様な食材が栽培されています。みなさんがくらす地域には、どんな食材が栽培されていますか？ 実は、昔から食べられている食材でも、意外と外国から持ちこまれたものが多いのです。

多種多様な食材

現在、日本で栽培されている野菜は約150種類、海や川などに生息する魚類は約3300種類といわれています。地域や季節で異なる食材は、1年を通して変化にとみ、わたしたちの食卓を豊かに楽しくしてくれます。

これらの食材の多くは、生鮮食品として、流通・販売されています。スーパーマーケットの売り場を思い出してください。実に、たくさんの食材が売られていますね。特定の地域だけで収穫される食材も、近年の保冷・冷凍技術の進歩により、日本各地で容易に入手できるようになりました。特に、インターネットの普及にともない、ネット販売などで、全国どこでも入手できるようになりました。

伝統的な食材

日本で、伝統的に食べられてきた食材には、実は海外から来たものがたくさんあります。特に野菜は、ウド・ヤマイモ・フキ・ミツバ・ミョウガ・ワサビなど、日本原産とされるものは20種程度といわれ、ほとんどの野菜は、外国から日本に持ちこまれました。縄文時代から弥生時代ごろに伝わったといわれるカブやダイコン。平安時代にはキュウリ。室町時代から江戸時代初期にかけて、ジャガイモやニンジン。江戸時代後期にトマト。明治時代になってハクサイ・タマネギなどが、海をわたってやって来ました。

これらの野菜は長い年月をかけて、日本の気候風土で栽培しやすいように、また日本人の好みに合うようにと、くり返し品種改良され、今日、わたしたちが日常的に食べている野菜として定着してきました。

また一方で、伝統野菜（3世代以上にわたって栽培が続けられ、

ふだん食べられている五寸ニンジンは、アメリカから伝わった（左）。右は日本の伝統野菜である京ニンジン。

地域に根づいた栽培方法でつくられた野菜）が見直され、その地域だけで栽培・収穫されるといった付加価値を持った野菜が栽培されています。

これらは、その時代ごとに和食の食材として活用され、和食のバリエーションを豊かにしてきてくれました。

水菜
昔から京都などで栽培され、近畿地方を中心に食べられていた。サラダ用などとして全国に広まったのは、平成になってからである。

アボカド（左上）、ズッキーニ（左下）、コールラビ（右）。

新しい食材

欧米料理や中国料理など、日本では、世界各国の料理を食べることができます。それらの料理といっしょに使われる新しい食材も、世界中から日本に集まってきます。ズッキーニ・アボカド・コールラビなど、今まで和食で使われてこなかった食材も、積極的に活用されるようになりました。今は"新しい"食材ですが、これから長い年月をかけ、少しずつ日本人の好みの食材へと変化し、日本に定着していくかもしれません。

漬け物などの加工品

食材は、基本的に生物ですから、生鮮食品として保てる時間は長くはありません。しかし、収穫量の増える旬の時期には、食べきれない量が収穫されますので、保存が不可欠です。現在のように、冷凍などの保存技術がなかった時代は、乾燥、塩蔵、さとう漬け、酢漬けなどの工夫をして保存性を高めました（p52参照）。その代表的な食材が、漬け物です。特に、収穫される野菜が少なくなる冬場では、漬け物の野菜が大事な食材となり、大切に食べられてきました。

これからの日本の食材は、わたしたちの食べ方で決まる

食材の世界は、日々、変化しています。その変化の方向は、わたしたちがどのような食材を好んで食べるか、どのような食材を選んで購入するかで決まってきます。よく売れるものは、店先にたくさんならべて売られるし、また、不足しないようにたくさんつくられます。食材も、わたしたちが「何を食べるのか」という影響を受けながら、よく食べられるもの、よく買われるものへと変化していくのです。これから先、日本にどんな食材が定着するかは、わたしたち一人ひとりが、「どんな食材を好んで食べるか」で決まってくるのです。

和食の教科書　和食を支える日本の食材

和食のうま味や風味を引きだす、だし

「この料理、だしがきいていておいしいね」というような会話を聞いたことがありますか？　おそば屋さんの前を通ったら、なんともいえないよいかおりがして、思わず深呼吸をしてしまった、という経験はありませんか？　和食のおいしさを支えているのが「だし」です。でも、だしってどんなものなの？　なぜ、料理がおいしくなるの？　どうやってつくるの？　だしは和食だけに使われるの？
さあ、だしのひみつをさぐってみましょう。

だしってなに？

だしとは、魚や貝、肉、海そう、きのこ、野菜などの食材にふくまれる、おいしさの素であるうま味を、とかし出した汁のことです。だしには、風味といって、かおりの成分もいっしょについています。おそば屋さんのよいかおりは、だしの風味なんですね。食材にはそれぞれちがったうま味と風味があるため、どんな食材を使うかで、まったくちがうだしがとれます。そのため西洋料理にも、中国料理にも、それぞれの料理に適しただしがあります。

うま味

1908年、こんぶのだしのおもな成分が、グルタミン酸ナトリウムであることを、池田菊苗（東京帝国大学教授、現東京大学）が発見し、それを「うま味」と名づけました。その後、日本が中心になって、イノシン酸とグルタミン酸との相乗効果や、どんな味のうま味を好むのかなどの研究がすすみました。近年になって、当初は受けいれられなかったうま味について、世界的にも「UMAMI」としてみとめられ、和食の味わいの特徴の1つになっています。

だしの材料と組み合わせ

和食のだしは、かつお節、煮干し、こんぶ、干しシイタケ、貝類などからとることが多いです。それぞれのうま味成分は、かつお節や煮干しはイノシン酸、こんぶはグルタミン酸、干しシイタケはグアニル酸、貝類はコハク酸という成分です。いずれも、脂分が少なく、淡白で濃厚なうま味と風味があります。食材の味を引きだし、和食のおいしさを支えます。このように、だしは、和食の大事な食材の1つといえます。

かつお節も、煮干しも、こんぶも、じっくりと時間をかけて加工されるのが和食のだしの特徴です（p53～54参照）。そのため、食材の保存性が高まるとともに、だしも短時間でとることができるようになっています。

だしの組み合わせ

和食
こんぶ（グルタミン酸）＋煮干し（イノシン酸）
かつお節（イノシン酸）

こんぶのグルタミン酸は、かつお節や煮干しのイノシン酸といっしょになることで、うま味も風味も増す。

西洋料理
牛すね肉（イノシン酸）＋セロリ（グルタミン酸）／タマネギ（グルタミン酸）

中国料理
長ネギ（グルタミン酸）＋とり肉（イノシン酸）／干しエビ（イノシン酸）

こんぶと煮干し、こんぶとかつお節というように、だしの材料を組み合わせて用いることを、「合わせだし」という。
西洋料理では、牛肉とセロリ、牛肉とタマネギ、中国料理では、長ネギととり肉、長ネギと干しエビなどの組み合わせで、複雑で豊かなだしがとれる。

おいしいだしをとってみよう

● 煮干しのだし

[材料]
水 ……………………… 800ml
煮干し ………………… 16g

[つくり方]
1. 煮干しは、苦味やくさみが出ないように、頭をとり、背中から身をたてに2つにさいて、内臓をのぞく。さくことでうま味が出やすくなる。
2. 水を入れたなべに煮干しを入れて、15～30分つけておく。
3. なべを中火にかけ、沸騰したら弱火にして、アクをとりのぞく。煮干しを5～6分ほど煮出し、火を止める。煮干しがふくらんでやわらかくなっていれば、だしが出ている。
4. ボウルにざるをのせ、ふきんまたはキッチンペーパーをしいてこす。
5. みそ汁、うどんのつゆ、煮物などに使う。

だしをとるときは、なべにふたをして、ガンガン沸騰させればいいんだな！

いいかげんなことをいうな！

だしをとるときは、ふたはせんのじゃ。
それから、ポイントは、煮干しをとり出す時間じゃ。つくり方に書いてある時間どおりに、やってみよう！

日本文化と和食

和食の料理の成りたち

世界に広がる和食の魅力

和食の教科書

和食のおいしさを引きだす調味料

　調味料は、料理や食材に味やかおりをつけて、食べやすい状態にしてくれます。上手な使い方をすれば、おいしい料理ができますが、加える量や加えるタイミングによって、味がこすぎたり、うすすぎたりしてしまいます。昔から煮物の調味料は「さ（さとう）、し（塩）、す（酢）、せ（しょう油）、そ（みそ）」の順に」といわれていますが、食材に味のしみこみにくいさとうを加えた後、食材にしみこみやすい塩を加えるというのが、その理由になります。また、加熱するとかおりがとびやすいみそは、一番最後に加えるというのも、昔の人の知恵です。

日本の気候が生んだ発酵調味料

　日本は、四方を海に囲まれ多雨多湿な気候の中で、微生物の活動を利用した日本独特の発酵調味料を生みだしてきました。特に、和食によく使われるみそ、しょう油、酢、酒、みりんは、「発酵調味料」とよばれています（p13参照）。

みそ

　みそは、大豆を原料にして加工された調味料です。江戸時代の『本朝食鑑』（1697年）によると、「みそはわが国では昔から上下四民（四民は士農工商の人々のことで、ここでは、みんなという意味）とも朝夕に用いた」もので、古くから日本各地で利用されてきた調味料です。

　みその原料の大豆は、発酵することによって、からだに必要なアミノ酸やビタミン類が生成され、消化吸収されやすい形になります。「みそは医者いらず」という言い伝えもあるくらいです。和食の基本であるみそ汁とごはんは、ごはんがエネルギーとタンパク質を、ごはんで足りないタンパク質（必須アミノ酸※）やミネラル、ビタミン類をみそがおぎない、栄養素がバランスよく摂取できるとてもよい組み合わせになっています。

※タンパク質はアミノ酸が集まってできている。そのうち体内で合成されないものを「必須アミノ酸」という。

● 全国のさまざまなみそ

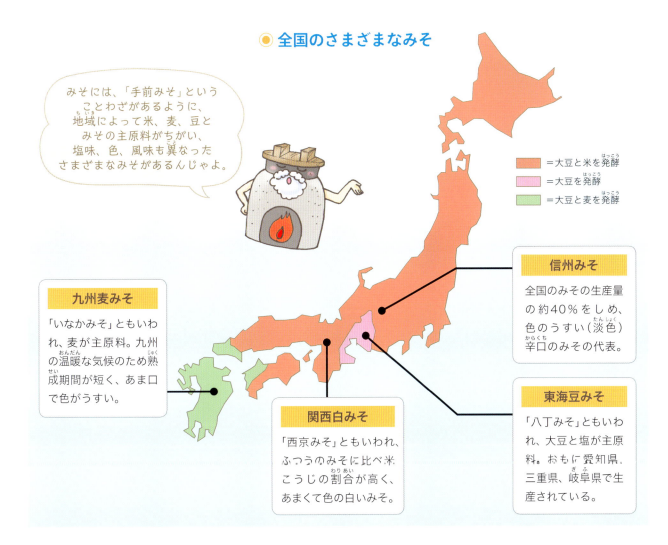

みそには、「手前みそ」ということわざがあるように、地域によって米、麦、豆とみその主原料がちがい、塩味、色、風味も異なったさまざまなみそがあるんじゃよ。

= 大豆と米を発酵
= 大豆を発酵
= 大豆と麦を発酵

九州麦みそ
「いなかみそ」ともいわれ、麦が主原料。九州の温暖な気候のため熟成期間が短く、あま口で色がうすい。

信州みそ
全国のみその生産量の約40％をしめ、色のうすい（淡色）辛口のみその代表。

関西白みそ
「西京みそ」ともいわれ、ふつうのみそに比べ米こうじの割合が高く、あまくて色の白いみそ。

東海豆みそ
「八丁みそ」ともいわれ、大豆と塩が主原料。おもに愛知県、三重県、岐阜県で生産されている。

しょう油

　しょう油は、みそをつくった後に、たるに残った汁を利用した「たまりしょう油」が、そのはじまりといわれています（p13参照）。現在は大豆と小麦粉に種こうじを加えたものに、塩水を加えて発酵させたもの（もろみ）をしぼってつくっています。それぞれの地域で好みやつくり方がちがい、いろいろなしょう油があります。その種類は、日本の農産物とその加工品の品質保証の規格である日本農林規格（JAS）によって、5つに分類されています（p48参照）。

　しょう油は、塩味を料理につけるだけでなく、料理に複雑な風味と色をそえてくれます。「つけ焼き」や「照り焼き」などは、しょう油を加熱することで、よい焼き色やこうばしいかおりをつけることができます。しかし、加熱しすぎると、色やかおりが悪くなってしまいます。

うなぎの蒲焼き（つけ焼きの例）

ブリの照り焼き（照り焼きの例）

和食のおいしさを引きだす調味料

◉ しょう油の分類

こいロ	国内で生産されるしょう油のおよそ8割をしめる、最も一般的なしょう油。
うすロ	関西で生まれた色のあわいしょう油。国内で生産されるしょう油の1割強をしめている。
たまり	おもに中部地方でつくられるしょう油。とろみと濃厚なうま味、独特なかおりが特徴。
再仕こみ	山口県を中心とした特産しょう油。しょう油をつくるとき、塩水ではなくしょう油を使うので「再仕こみ」といわれている。
白	愛知県を中心としてつくられており、うす口よりもさらにあわい琥珀色のしょう油。

「うす口」しょう油といっても、味（塩分）がうすいのではなく、色だけがうすいんだぜ！

関東のうどんは、こい口しょう油、関西のうどんは、うす口しょう油で味つけするのじゃ。汁の色がまったくちがうじゃろ。

 酢

酢が調味料として広まったのは、江戸時代になってからです。それとともに酢を使った料理もたくさん生まれました。ごはんに酢をまぜてつくるすしが広まったのも、このころです（p17参照）。酢のおもな原料は、穀類（米や麦など）、果実（リンゴやブドウ）などさまざまです。これらの原料で酒をつくった後に、もう一度、それを発酵させてつくります。

◉ 酢のはたらき

料理にすっぱい味をつける

タンパク質をかためる

身がやわらかいサバは、酢でしめて、身をかたくすることで、食感も味もよくなる。

食材の色が変わるのをおさえる

レンコンなどは、切って放っておくとアクで黒くなってしまうが、酢水につけると、黒くなるのをおさえることができる。

くさるのを防ぐ

酢には、菌の活動をおさえるはたらきがあるので、食材をいたみにくくする。

酒

　酒は、米にこうじを加えて発酵させてつくりますが、「飲み物」としてだけではなく、調理では酒にふくまれているアルコールのはたらきによって、魚や肉のくさみをとったり、食材をやわらかくしたり、食材に味をしみこみやすくしたりします。

　また、酒は米から生まれた豊かなかおりとうま味を、料理に加えてくれます。和食では、酒はだしのかわりにもなります。

へ〜、お酒って調味料にもなるんだ！

● アルコールのはたらき

魚や肉のくさみをとる。
魚を焼く前に、酒をふりかけると、生ぐささが消える。

食材をやわらかくしたり、味をしみこみやすくしたりする。煮くずれも防ぐことができる。

だしの代わりにもなる。
酒だけで食材を煮ることを「すっぽん煮」という。

みりん

　みりんは、本来、もち米、米こうじ、焼酎を原料とするあまい酒、飲み物でした。それが次第に、調味料として使われるようになりましたが、「酒」に分類されるため、酒屋さんでしか売られていませんでした。このみりんは、「本みりん」とよばれています。そのため、家庭でも使いやすいようにと、アルコール度数の低い「みりん風調味料」や、塩分を加えて酒として飲めないようにした「発酵調味料」がつくられるようになりました。

　みりんの糖分は、食材の水分をしっかりつかまえ、料理に美しい照りやつやを出します。また、タンパク質をギュッとしめるはたらきがあるので、食材の煮くずれを防いでくれます。

● みりんのはたらき

ブリの照り焼き
照りやつやを出してくれる。

ジャガイモとニンジンのいため煮
みりんの糖分が、食材にふくまれている水をつかまえ、煮くずれを防ぐ。

和食の教科書 和食のおいしさを引きだす調味料

塩とさとう

　発酵調味料以外で、代表的な調味料には、塩とさとうがあります。塩は「しょっぱい」「塩からい」などといわれる塩味を、さとうはあま味を食材につけてくれます。塩やさとうは、料理に味のめりはりをつけるだけでなく、食材の加工や保存のためにも使われます。

塩

　日本では、昔から海水を原料にしてこい塩水（かん水）をつくり、それを煮つめて塩をつくっていました。今もこのやり方でつくっているところもありますが、おもには、海水をイオン交換膜に通してつくる「イオン交換膜法」で大量に生産しています。

　塩味は、料理の味つけに欠かせません。塩からい味を出すものは塩以外にはなく、塩は他のものでは、まかなうことができない調味料といわれています。食べ物に味をつけ、食べ物のあま味を強く引きだしたりするので、塩味があることにより、食べ物がおいしくなります。

　また、食べ物をくさりにくくする塩のはたらきは、広く食品加工に利用されています（p54参照）。さらに、微生物を利用して食品をつくるときにも、塩は欠かせない調味料になっています。みそやしょう油は、高い塩分濃度で発酵させます（p46・47参照）。チーズやパンも塩を加えて発酵させます。

日本のめずらしい塩

日本のめずらしい塩には、ホンダワラなどの海そうに、海水をかけてかわかして（または燃やして）つくった「藻塩」や、梅干しをつくるときにできる梅酢を天日干しにしてつくった「梅塩」などがあります。昔の言葉に「塩梅」という言葉があります。塩と梅酢を合わせた調味料を意味していましたが、今では、料理の味加減や具合のことをさすようになりました。

さとう

　さとうは、料理やお菓子にあま味をつけるのに、なくてはならない調味料です。奈良時代に中国から伝わり、18世紀以降は江戸幕府により、サトウキビによるさとうづくりがすすめられました。そして、明治時代には、一般の人たちもさとうを楽しめるようになりました。現在日本では、北海道でサトウダイコン（テンサイ）、鹿児島や沖縄でサトウキビが栽培され、さとうが生産されていますが、使用している2/3以上のさとうは、海外から輸入されています。

　さとうは、① 水にとけやすい、② くさりにくくする、③ デンプンがかたくなりにくい、③ 色づけや料理に照りが出る、④ 結晶をつくるなど、いろいろな性質を持っています。

また、さとうにはつくり方により、黒ざとう、上白糖（ふだん使っているさとう）、三温糖、グラニュー糖、角ざとう、粉ざとう、氷ざとうなど、さまざまな種類のさとうがあります。

● さとうの性質

水にとけやすい

デンプンを、かたくなりにくくする

 ねりあん　 ようかん

料理に照りを出したり、色づけをする

くさりにくくする

結晶をつくる

 ブリの照り焼き　 キンカンの照り煮　 つくだ煮　 ザボンのさとう漬け　 さとう菓子　 ひなあられのころも

世界の調味料

世界には、その国の料理に合わせてさまざまな調味料・香辛料があります。

日本に中国から伝わったときに、「ひしお」とよばれていたみそですが、中国では大豆ではなくそら豆とこうじ、赤トウガラシでつくったみそを「豆板醤」といい、マーボーどうふをつくるときの調味料として使います。また、小麦粉とこうじを発酵させたあまいみそを「甜麺醤」といい、北京ダックにつけて食べたり、煮物やいため物の調味料として使います。韓国では、もち米とこうじ、トウガラシでつくったみそを「コチュジャン」といい、ビビンバやなべ物の調味料として使われています。

日本のしょう油は穀物でつくっていますが、「魚醤」といって生の魚の塩漬けを発酵させてつくるしょう油があります。それぞれの国のよび名で「ナンプラー（タイ）」「ニョクマム（ベトナム）」「パティス（フィリピン）」「ナンバー（ラオス）」とよび、スープやいため物、煮物の調味料として使われます。もちろん、日本にも、秋田の「しょっつる」、能登の「いしる」、香川の「いかなごしょう油」などの魚醤があります。

コショウはトウガラシ、カラシとならぶ、世界三大香辛料の1つで、「スパイスの王様」ともいわれています。コショウはインドが原産で、熱帯性つる植物の実を乾燥させたものです。「胡椒」という漢字は、「シルクロードを通って運ばれてきた香辛料」という意味になります。

豆板醤　甜麺醤　コチュジャン

和食の教科書 保存が育ててきた和食

保存食は、季節ごとにたくさん収穫される食材を、季節をまたいで長く食べつなぎ、食材が少なくなる冬にむけて備えるために、さまざまな生活の知恵をいかした食品です。また、地域でつくられた食材を、より遠くに運ぶためにも保存食は利用されてきました。現在では、災害に備えて非常食としての役割もなっています。

① 乾燥（乾物）による保存

乾燥には、野菜や魚などを長く保存するための乾燥と、新たに加工食品にするための乾燥（高野どうふや干し柿など）があります。その方法として、自然の太陽熱や風力を利用していましたが、現在では人工的な乾燥方法で、乾燥にかかる時間を短くすることが多いです。時間をかけて干して乾燥させたものを、また時間をかけてもどし、コトコトと調理をしておいしく食べる保存食は、日本の食文化の1つでもあります。

● 野菜

ダイコン

干し大根は、ダイコンをそのまま1本干したり、細切りなどいろいろな形に切って、太陽や風にあてて干す。「切り干し大根」は、水でもどした後、煮物にしたり、そのまま漬け汁につけて食べる。

きのこ・くだもの

干ししいたけのように、干すことでうま味成分が増えたり、ビタミンDなどの栄養価が増す場合もある。干し柿は、生ではしぶくて食べられないカキを干すことによってあまくしていく。

サツマイモ

サツマイモを生のまま切って干す方法は、「かんば」「かんころ」とよばれている。ゆでてから干した干しいもは、そのままでも食べられるし、あぶって食べるとよりあまく感じる。

保存の方法

保存食をつくる方法として、① 食材を天日干しにしたり、軒下につるすなどして乾燥する方法、② 食材を発酵させて保存する方法、③ 加工して保存する方法、④ 寒さや雪を利用して保存する方法、があります。できあがった保存食は、「太陽光線にあてない」「酸素にふれないようにする」「水分の吸湿を防ぐ」「昆虫が入ってくるのを防ぐ」「微生物が増えるのを防ぐ」ことが大切です。

● 海そう

こんぶ
北海道がおもな産地。海底にはえているこんぶを、長い棒でひっかけてとり、そのまま海岸で干す。

わかめ
磯でわかめをとり、海水や真水であらってから干す。

ひじき
春から初夏にかけて、波のあらい岩場でとったものを干す。

のり
のりは、棒を海中にさして養殖をしている。つみとったのりは、紙をすくように、四角い枠にすきとって、風にあてて干す。

● 魚介類

ひもの
軽く塩をしたり、調味料（みりんやさとう、しょう油などのたれ）に漬けてから、半乾きで仕上げるものを「干もの」という。イワシやカレイは串にさして、アジやサンマは開いてから干す。

ゆで干し
魚介類をゆでてから干す方法で、イワシやトビウオの「煮干し」がある。おいしいだしになる。

焼き干し
「火ぼかし」ともよばれ、いろりの火などでトビウオなどを焼いてから、いろりの上やかもいにつるして干す。甘露煮にしたり、煮物やめんのだしとして使われる。

 ## ② 発酵による保存

自然界の微生物は、わたしたちにとって役に立つものもあれば、害になるものもあります。発酵に使われるカビや酵母、乳酸菌、酢酸菌などは、動物や植物、空気中にもたくさん存在しています。微生物による発酵技術により、古くから漬け物やみそ、しょう油、納豆、すし、酒、酢などさまざまな発酵食品がつくられてきました（p13、46参照）。発酵は、食品の保存性を高めるだけではなく、酸味やアルコール、うま味などがつくられて、よりおいしい食品となります。

和食の教科書　長く食べつなげるための知恵、保存食

酵母は自然界に生息し、食材にふくまれる糖をえさにして、アルコールと炭酸ガスに分解します。酵母が発酵する力を利用して、酒や漬け物、みそ、しょう油、酢などができます（p46・47参照）。魚をこい塩汁（くさや汁）につけてから干したのが「くさや」（伊豆大島）です。くさや汁の中の酵母のはたらきにより、魚を独特のにおいや味にしていきます。

魚をくさや汁に漬ける。

 ③加工による保存　④寒さや雪による保存

食材を保存食として加工する方法には、塩蔵、糖蔵、酢漬け、くん煙などがあります。また、冬の寒さがきびしい雪の多い地域では、その寒さや雪をいかして、保存食がつくられました。

荒巻鮭
内臓をとったサケを塩漬けにしたもの。昔は、塩漬けの魚をワラやアシ、竹の皮などで魚をまいて貯蔵した。

かんてん
天草をあらってから、煮出してかためたものがところてん。このところてんを冬の夜の寒さでこおらせ、昼間の太陽でとかすということを何度もくり返してつくったものが、かんてんである。

高野どうふ
「しみどうふ」ともよばれ、とうふからつくる。

かつお節
カツオをおろしてむした後、いぶしてねかせるという作業をくり返す。その後、水分を落とすためにカビづけをし、日干しをする作業をくり返してつくる。

キンカン
さっとゆでた後、さとうを加えて煮たさとう煮。さとう煮は、かぜやのどに効く薬として利用される。

冬でも保存食のおかげで、元気元気！

漬け物

　季節の変化が大きい日本では、寒い地域を中心に、今まで述べてきた塩蔵・糖蔵・酢漬けなどのいろいろな加工法が組み合わさったものとして、漬け物が発達してきました。漬け物は、長い冬を食べつなぐ保存食としてだけではなく、四季折々に収穫される食材をおいしく食べるための調理法でもあります。漬け物は漬けることで発酵して、酸味やうま味が生まれます。

野菜

塩漬け
ダイコンやカブはそのまま塩で漬けると「丸漬け」、切って漬けると「切り漬け」、大きく切って漬けると「がっくら漬け」（岩手・青森）と、野菜の切り方によってもよび方が異なる。

ぬか漬け
ぬかを炒って、塩水を入れたぬか床をつくり漬ける。米ぬかが発酵して乳酸ができ、保存性が高まり、うま味が増す。

干し漬け
干すことで水分をとばし、あま味をこくして漬けるやり方。ダイコンを漬けた「たくあん漬け」、いろりでダイコンをいぶしてから漬ける「いぶりがっこ」（秋田）などがある。

魚介類

塩漬け
コダイの塩漬け、サバの塩漬けなど。荒巻鮭は、長期保存をするために、塩漬けにしてから、ワラで編んだむしろでまいてつくる。

みそ漬け
水分が多く、身がやわらかい切り身魚のサワラ、マナガツオ、オヒョウ、タラなどがみそ漬けに適している。

なれずし

　すしの原型といわれているのが近江（滋賀）の「ふなずし」です。ふなずしは、内臓をぬいたフナを長時間塩漬けにしてから、ごはんとともに漬けこみ、なれるのを1年から5年待つという「なれずし」です。なれずしは、塩をした魚とごはんを何層にも重ねて漬けると、最初は酵母のはたらきでごはんがやわらかくなり、糖に変わります。その糖に乳酸菌がはたらいてすっぱくなり、魚の身がしまり、保存性が高くなります。

和食の調理法

和食の教科書

p40の、秋の献立を見てください。料理名と食材名はわかりましたが、どんな調理法でつくられたか、わかりますか？　ところで、調理は何のために行うのでしょうか。たとえば、かたい米をふっくらとあたたかいごはんにすることができたり、主菜や副菜はいろいろな味をつけて、口に入れたときのおいしさを高めることができますね。調理は、今まで見てきた和食の豊かな食材を存分に味わうために、① おいしくする、② 食べたい気持ちを高める、③ 安全性を確保する、④ 消化吸収率を高める、など大切な役割をになっています。

「切る」技術

同じ食材を同じように切っても、包丁の使い方で、料理の味も見た目も異なります。「和食料理のできあがりは、包丁使いで決まる」といわれるほど、切る技術は重要なのです。

包丁の持ち方は、右の図のように切るものにより異なります。

まな板は、調理台の上にまっすぐに置きます。ぬれた布きんをまな板の下にしくと、まな板がすべりにくくなり、力を入れて切るときなどは安心です。

ジャガイモ、ダイコンなど、大きさのあるもの、かたいものを切るときは、包丁の柄をしっかりにぎって切る。

カブの皮をむくときなど、刃先を細かく使うものは、人差し指をのばして、刃の反対側の上の部分にかける。

一度切ったものが包丁の下に入り、2度切りしないためには、ほんの少し包丁を外側にねかせると、食材が包丁にかからないぞ。

野菜の切り方

野菜は、根からくき、葉の順にのびますが、それにそって繊維があります。この繊維をいかすような切り方をするか、繊維を断つように切るかで、味も、歯ごたえもちがってきます。繊維をいかして切ると、自分の歯で繊維をかみ切って食べることになるので、野菜のシャキシャキしたおいしさを感じながら食べることができます。煮物やいため物もくずれにくくなります。

和食は、「切る」技術がいかされる

和食は、箸を使って食べます。そのために、箸で食べやすい大きさや形に切る、といった包丁技術がみがかれてきました。p37の献立のアジの塩焼きにそえられたカブは、「菊花かぶ」といって、包丁でカブを菊の花のように切ったものです。

食材を切るということは、① 食材の食べられない部分をとりのぞく、② つくる料理に適した形に整える、③熱や味がちょうどよく食材に伝わるようにする、の3つの役割があります。

一方、繊維を断つ切り方は、自分の歯で繊維をかみ切る必要がないので、野菜のやわらかさが味わえます。

● 繊維をいかした切り方

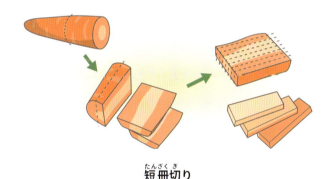

短冊切り

● 繊維を断つ切り方

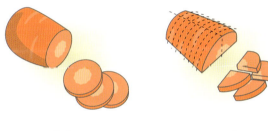

輪切り　　**いちょう切り**

繊維を切るときに多くの細胞をこわすので、野菜のにおい成分などもいっしょに出る。ショウガなど、かおりをたくさん出したいときには適している。

魚のあつかい方

魚は、鮮度がおいしさに大きく影響しますので、なるべく早く下処理をします。下処理とは、① ウロコをとる、② エラと内臓をとる、③ 内臓をとった魚の腹の中を血液が残らないようにきれいにあらう、④ 魚についた水気を、ぬれ布きんやキッチンペーパーでよくふきとる、の作業です。下処理が終わったあとの魚は、水であらいません。水がつくと、鮮度も味も落ちてしまうからです。すぐに調理しないときは、冷蔵や冷凍保存して衛生管理に気をつけましょう。

包丁を使わないでさばく、アジのつぼぬき、イワシの手開きならやったことあるよ。

 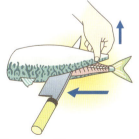

魚の調理には、出刃包丁が便利。腹をさく、骨から身をはずす、身を切る、頭をたたいて落とす、骨を切る、などの作業が、この包丁1本で、全部できるからである。

和食の教科書　和食の調理法

加熱法は、「煮る」「焼く」「むす」「あげる」

　和食の調理の基本は、p56〜57であげた「切る」（加熱しない）の他に、加熱による調理法である「煮る」「焼く」「むす」「あげる」があります。同じ食材でも、調理法が変わると、まったくちがったおいしさが味わえます。たとえば、「アジの塩焼き」は「焼く」調理法ですが、「煮る」だと「アジの煮つけ」になります。「むす」は「アジの酒むし」、「あげる」は「アジの天ぷら」などをつくることができます。

食材は加熱で大きく変化する

　食材は、熱を加えることで構造が変わり、多様な変化が生じます。

糊化（こか）	穀類（こくるい）に多くふくまれるでんぷんは、水を加えて加熱すると、ねばり気が出る。たとえば、かたい米がふっくらとしたごはんになる。
タンパク質の変性	タンパク質が多い食材は、タンパク質が変化して色が変わり、食感も変わる。たとえば、肉を焼くと、赤い肉の色が白く変わる、など。生たまごと目玉焼きの食感はまったくちがう。
脂肪（しぼう）などがとけ出る	魚や肉などを焼くと、じわっと油が出てくる。
やわらかくなる	生の野菜などを加熱すると、細胞（さいぼう）がこわれ、やわらかくなる。
かさが減る	ホウレンソウのおひたしなど、ゆでると量が少なくなる。

これらの変化は、料理のおいしさが増すばかりでなく、ゆるんだ組織に消化酵素（こうそ）が入りこみやすくなり、消化吸収（きゅうしゅう）を高めることにもつながるんじゃ。

かさが減ると、野菜が苦手なわたしでも、一度にたくさん食べることができるわ。

　また、その他にも、加熱により食材についた細菌（さいきん）などが死滅（しめつ）するので、食材の安全性を高めてくれます。
　一方で、加熱により、「食材の色が悪くなる」「ビタミン等の栄養素がこわされる」などの欠点も生じます。欠点を小さくし、利点を大きくするように、調理技術は工夫され発展（はってん）してきました。

● いろいろな煮方

ふくめ煮

カボチャのふくめ煮

高野どうふのふくめ煮

煮つけ

イカとサトイモの煮つけ

カレイの煮つけ

いため煮

コマツナのいため煮

ジャガイモとニンジンのいため煮

煮る

　「煮る」とは、食材を煮汁とともに加熱し、やわらかくしながら、味をしみこませていく調理法です。他の調理法に比べ加熱時間が長く、なべの上部と下部では煮え方が異なるので、途中でかき混ぜることが必要なことから、煮くずれる心配があります。落としぶたをしてなべの中の熱を均等にする、どの食材も火のとおりが同じになるように切り方をそろえるなどの工夫が必要です。

　上の写真にあるように、煮方もいろいろあります。p37の献立の「サトイモのふくめ煮」の「ふくめ煮」とは、煮汁を多めに残して火を止め、味をしみこませる方法です。サトイモの内部にまで煮汁がしみこみ、ほくほくとおいしそうですね。その他にも、「煮つけ（少なめの煮汁で、煮汁をあまり残さないように煮る）」「いため煮（いためてから煮る）」「炒り煮（少量の煮汁で炒るように煮て、食材の表面に味をつける）」などがあります。

和食の調理法

焼く

ほとんどの食材が、焼くことでよりおいしさが増します。その理由として、① 焼き色とともに、こうばしい風味がつく、② 水分や脂肪が適度に落ち、うま味がとじこめられるのでうま味が増す、③ 焼き魚など、けむりが特有の風味となり、いぶした味がつく、などがあげられます。

和食の「焼く」調理は、金網などを使って、魚を直火で焼く調理法が主流でしたが、近年は、グリルやオーブン、フライパンで焼くことが主流になりました。

「きのこの包みむし」のように、クッキングペーパーに包んでむし焼きにするといった、間接的に焼く方法もあります。また、わたしたちの好みの変化から、ハンバーグや魚のバター焼きなど、油で焼く調理法も増えています。

むす

むすとは、むし器内の水蒸気の熱で、食品を加熱する調理法です。熱い湯や油などで直接加熱するのではなく、水蒸気で食材を包みこむように、間接的に加熱調理するところが特徴です。

そのため、むす調理法は、① むし器の中に入れたまま調理できるので、食材の形がくずれない、② 煮汁が煮つまってこくなることがないので、やさしい味にしあがる、などの利点があります。

一方で、① 調理時間がかかる、② 加熱の途中で調味できない、などの欠点もあります。

しかし最近では、むし器ではなく、電子レンジやスチームオーブンで、むして調理する茶碗むしやプリンをつくる人が増えてきました。

● アジの調理法のいろいろ

魚の姿
丸ごと （頭も尾もついたまま）
身だけ （ひらく、三枚におろす）
みじん切り
すり身
骨

生のアジ

あげる

　150〜200度くらいの高温の油の中に、食材を入れて加熱する調理法です。高温の油に食材を入れると、急速に食材中の水分が蒸発し軽くなります。表面にこげ色の風味がつき、食べるとサクッとした食感が楽しめます。

　あげ物は、どんな食材にも適しており、フィッシュアンドチップス（イギリス）、ピロシキ（ロシア）、フライドチキン（アメリカ）のように、世界中でさまざまな料理がつくられています。

　あげ物は、蒸発した水分の代わりに油が食材中に入りこみます。そのことがおいしさの1つですが、エネルギー量が高くなりますので、食べすぎや、いっしょに組み合わせて食べる料理に気をつけることが大切です。

生	焼く	むす	煮る	あげる	加工品・その他
	塩焼き	酒むし	煮つけ、しょうが煮 梅香煮 酢じょう油煮	からあげ 南蛮漬け	
さしみ、たたき 酢じめ	ムニエル ピカタ			天ぷら、フライ マリネ	干物、くさや おしずし
なめろう	さんが焼き				
	つくね焼き			さつまあげ	
			（だし）	骨せんべい	

アジのさしみ

アジの煮つけ

アジの天ぷら

和食の調理法

● 秋の一汁三菜の食事づくり

食事		前準備	調理 10
主食	ごはん	① 米を計る。　② 米をあらう。　③ 炊飯器に米と水を入れて、30分おく。	④ スイッチを入れる。
汁	根菜のみそ汁	① だしをとる（p45参照）。このだしは、サトイモのふくめ煮にも使うので、多めにつくる。	② ダイコンとニンジンは、少し厚めのいちょう切りに、長ネギは、小口切りにする。ゴボウはたわしでこすって皮をとり、うすい輪切りにし、水に10分つける。油あげは、ざるに入れて湯をかけ、冷めたら短冊切りにする（p57参照）。
主菜	アジの塩焼き	どんな風につくるか考える。身じたくをし、材料や用具をそろえる。 **材料（4人分）**　■ごはん　米：米用カップ3カップ　■根菜のみそ汁　ダイコン：約10cm（120g）　ニンジン：1/3本（40g）　ゴボウ：1/3本（40g）　長ネギ：1/2本（40g）　油あげ：1枚　みそ：大さじ1と1/2（24g）　油：大さじ1と1/2（20g）　煮干しのだし：3カップ　■アジの塩焼き　アジ：4尾　塩：小さじ1/2　■サトイモのふくめ煮　サトイモ：8個（400g）　ホウレンソウ：3かぶ（120g）　だし：2カップ　しょう油：大さじ1　さとう：大さじ1　みりん：大さじ1　ねりごま：大さじ1　ユズの皮　■きのこの包みむし　シイタケ：3〜4枚（60g）　エノキダケ：1/2袋（60g）　シメジ：1/2袋（60g）　ハム：2枚（40g）　チーズ：4切れ（40g）　無塩バター：20g　酒：大さじ1　ユズ：1個　■ハクサイ漬け　ハクサイ：1枚（60g）　ニンジン：10g　塩こんぶ：少し	① アジはつぼぬきにして（p106参照）、きれいにあらい、水気をふきとる。　② 塩をふり、20分おく
副菜	サトイモのふくめ煮／きのこの包みむし		① サトイモの皮をむき、食べやすい大きさに切る。　② ホウレンソウをさっとゆで、水にとる。3〜4cmの長さに切る。
漬け物	ハクサイの漬け物		① ハクサイ、ニンジンはせん切りにし、細く切った塩こんぶをまぜる。　② ビニール袋に入れて、な…ませる

	30	40	50	60（分）	
		⑤ 10分くらいむらしてから、まぜる。		⑥ もりつける。	
③ なべでダイコン、ニンジン、ゴボウをいためる。		④ だし汁と油あげを加えて、沸騰したらアクをとり、弱火で7〜8分煮る。	⑤ 長ネギを入れ、みそを加え、沸騰したらすぐ火を止める。	⑥ もりつける。	
		③ 焼き網を熱し、もりつけたときに表になる方から強火で焼く。こげ色がついたら弱火にする。うらも同じように焼く。		④ 頭を左側にしてもりつける。	
だしにサトイモ、さとう、みりん、しょう油をいれて火にかける。中火で20〜25分煮る。		④ 煮汁に、ねりごまをといて入れる。	⑤ 煮汁に、ホウレンソウを入れてさっと煮る。	⑥ 器に、サトイモとホウレンソウをもり、煮汁をかける。ユズの皮をせん切りにしてサトイモの上にもる。	
① シイタケはうす切り、エノキダケとシメジは3〜4cmに切る。ハムはせん切りにして、まぜておく。クッキングペーパーに材料、バター、酒、チーズを入れ、しっかり包む。		② フライパンに①をならべ、中火で7〜8分焼く。		③ 器に、クッキングペーパーごともり、ユズをそえる。	
				③ 軽くしぼって皿にもる。	

※p36参照

和食の食器と食具

ごはん茶碗と汁椀

「椀」とは、深い半球のような形の器のことです。和食の基礎となった本膳料理では（p14参照）、ごはん、汁ともに木の椀が使われていました。今日のように、ごはん用が陶器や磁器の焼物になり、汁が木製の汁椀になったのは、江戸時代からです。いずれも食べるときには、手に持って使い、口につけるものですから、個人専用として用いられるのが特徴です。

> 椀？？？
> おれさまのこと？？？

 ### 食器が決まっていると、1食の食事量の目安がわかりやすい

和食では、基本的に料理はそれぞれの皿にもります。このことは、1人分の食事量の目安を示すことにつながっています。特に、ごはん茶碗などが個人専用になっていることは、それぞれの食事量をちょうどよい量にすることに効果的です。また、1食の食事として、料理が同時に出されるので、ごはん（主食）、汁、おかず（主菜・副菜）の料理構成の目安にもなってきました。

 ### ごはん茶碗の大きさ

ごはん茶碗は、その名のとおり、ごはん用の器です。ライフステージ、性別に合わせて大きさはいろいろですが、だいたい子ども用、成人の女性用と男性用にわけられます。成人の女性では、直径12cmくらいが、こんもりとよそってちょうどよい量（ごはんの量150〜160gくらい）になります。子ども用は直径10cmくらい、男性用は直径13cmくらいがよいでしょう。

ごはん茶碗の名称

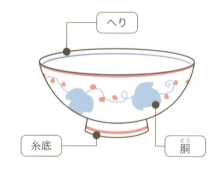

へり／糸底／胴

> ごはん茶碗、汁椀など手に持って食べる器は、持ったときに熱くないように、糸底があるんじゃ。

 ### 食器の持ち方、あつかい方

ごはん茶碗、汁椀、和え物などの小鉢、小皿など、手に持って食べる場合は、持ち方、取り方、置き方はすべて同じあつかいになります。

ごはん茶碗の正しい持ち方、わたし方、受け方

❶ おかわりなどで、ごはん茶碗をわたすときは、親指をそろえ、反対の手は胴にそえてわたす。

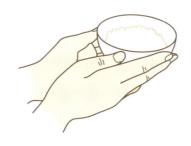

❷ 受けるときは、両手で胴を持って受ける。

❸ 食べるときは、先にごはん茶碗を持ってから箸を持つ。胴を手のひらで持たないようにする。

汁椀のふたのあつかい方

❶ 汁椀のへりを人差し指と親指で軽くおさえ、反対の手でふたの糸底を持って、汁をこぼさないように素早く返す。

❷ 食べ終わったら、ふたはもどす。

食べるときのマナー

　食事をいっしょにする人が、楽しく、おいしく食べるために、おたがいにルールを守りましょう。まずは「いただきます」「ごちそうさま」のあいさつを、心をこめて行います。食物の命へ、食材を育ててくれた人、食事をつくってくれた人、すべてに感謝の気持ちをこめましょう。

❶ 食事の途中で席を立たないこと。

❷ 本や新聞を読む、携帯電話を使うなど、他のことをしながら食べない。

❸ 食べる順番は、まず一口ごはんを食べてから、おかずと交互に食べる。

和食の教科書　和食の食器と食具

和食はすべてを箸で食べる

　和食は、料理をそれぞれの器にもりつけ、それを1食にして食卓を整え、箸で食べます。そして、スプーン、ナイフ、フォークは使わずに、口より大きなものも、小さなものも、すべてを箸で食べます。箸を使って1品を一口ずつ味わって食べます。箸は、和食文化の象徴のような存在です。

箸の選び方

　食事用の箸は、個人用として日々使っているものです。個人の成長に合わせてサイズを選び、形や材質などは、手になじみ、使いやすいものがよいでしょう。

● 長さ

　食事用の箸は個人所有が基本ですから、個人の手のサイズに合わせた長さになります。箸の長さは、親指と人差し指を開いて、その長さの1.5倍が目安です。市販の箸は、14～26cmくらいが多いです。

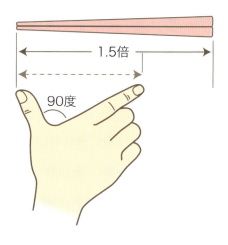

箸の選び方

箸の持ち方

　和食は、豆のように細かいものも、とうふのようにやわらかいものも、サトイモのように形がしっかりしているものも、めんのようにすべりやすいものも、すべて箸を使って食べます。
　これらのことが、自由自在にできるように、また、食事を楽しく食べるためには、料理がうまく取れなかったり、落としたりしないように、正しく箸を使うことが大切です。

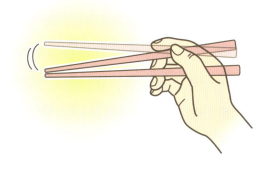

● 正しい箸の持ち方

　自分にぴったりの箸が見つけられたら、箸を正しく持ってみましょう。下の箸をじくにして、上の箸だけを動かして、食べ物をはさんだり、切りわけたりします。上の箸1本のみが動き、下の1本は動きません。

❶ 持つ位置はまん中より、少し上の方。
❷ 上の1本は、親指、人差し指、中指の先で、えんぴつを持つように。
❸ 下の1本は、親指のつけ根にはさみ、薬指と親指で固定する。
❹ 先はそろえる。

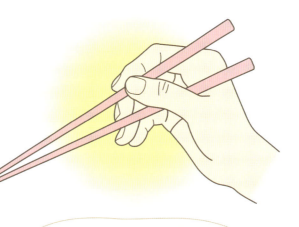

正しく持つ練習には、1本ずつ持ってみるとよいぞ。
まず、上の1本をえんぴつを持つようにし、次に、下の1本を親指の下に差しこむようにして、薬指と親指で動かないようにおさえるんじゃ。

正しくない箸の持ち方

箸を使うときのマナー

箸は、神様におそなえ物をささげるときに用いたのがはじまりで、それには細かな作法がありました。その作法が引きつがれ、日本人の食事に対する考え方も加わり、現在のマナーが育てられてきました。

してはいけない箸の使い方

指し箸…箸で人や物を指すこと。
寄せ箸…箸で遠くの食器を手前に引き寄せること。
迷い箸…どれを食べようか迷って、料理の上で箸を動かすこと。
さし箸…食べ物を箸でつきさして、取って食べること。
ねぶり箸…箸先をなめたり、くわえたりすること。
持ち箸…箸を持ったまま、同じ手で食器を持って食べること。

寄せ箸

さし箸

ねぶり箸

持ち箸

日本文化と和食

和食の料理の成りたち

世界に広がる和食の魅力

和菓子とお茶

　和菓子は、季節に合わせて食材やデザインが工夫され、味だけでなく、目でも楽しむことができます。茶の湯と共に発展しましたが（p15参照）、現在のように、季節感を表現し、いろどりが工夫されるようになったのは、江戸時代後半になってからです。

　和菓子には、① まんじゅう、ねりきり、大福などの生菓子、② カステラやねりようかんなどの半生菓子、③ らくがん、あめ、かりんとうなどの干菓子があります。原料には、米やあずき、イモ、木の実やくだものなど、いろいろな食材が用いられています。近年では、生のイチゴを丸ごと入れたいちご大福など、新作の和菓子も数多くつくられています。

草もち

ようかん

干菓子

お正月「はなびらもち」
あまく味つけしたゴボウと白みそをもちで包んだもの。平安時代の正月料理から生まれた。

端午の節句「かしわもち」
上新粉のもちの中に、あずきやみそあんを入れ、かしわの葉で包んだもの。かしわの葉は、古い葉が落ちないことから、子孫繁栄として用いられた。

重陽の節句「菊のねりきり」
旧暦の9月9日に、菊を用いて不老長寿を願う行事。菊の花をあしらったお菓子や、菊の花びらをうかべた酒をくみ交わして祝う。

　和菓子には、日本茶がよく合います。緑茶は、鎌倉時代（12世紀）に中国から伝わったものですが、生の茶葉をむしてから乾燥させる製法は、日本独自のものです。また、日本で緑茶が発展したのは、水も関係しています。日本の水は、欧米に比べミネラル分が多くないので、緑茶との相性がよく、そのおいしさを引きたてます。

　茶葉には、あま味の成分タンニンと、苦味の成分カフェインがふくまれますが、種類によってこの成分量がちがいます。おいしいお茶を入れるためには、その種類に合った入れ方が重要です。

せん茶
茶葉をむして、あたたかいうちにもみ、乾燥させたもの。80〜85℃の湯で入れる。

ほうじ茶
新芽やくきをむしてから強火で炒り、こうばしさを出したもの。熱湯を入れる。

抹茶
茶葉をむし、もまずに乾燥させたものを、うすで引いてつくる。茶の湯で飲むのは抹茶である。

和食の教科書

3章

世界に広がる和食の魅力
～和食でおもてなしをしたい！

さあ、いよいよジャックとアンのおもてなしを考えるよ。
p6～10をもう一度読んでから、3章に進んでね。

和食の教科書 — どんなおもてなしにしようか？

カズ：そろそろ、ブラウン家のおもてなしメニューを決めないと、間にあわないよ！

サクラ：「和食」でおもてなしをするんでしょ？和食なんてつくったことないから、ホントにうまくできるのかなあ……。

おとうさん：メニューを決める前に、どんなおもてなしをするか、方針（ほうしん）を決める必要があるぞ。

カズ：ブラウン家の希望が一番だよね？

サクラ：手紙には「和食を楽しみたい」って書いてあったよね。

おかあさん：和食ってりっぱな料理が多いから、うちでは無理よ。ぶんけい亭（てい）のような本格的な店で会食するのが常識だわ。

おとうさん：う〜ん、そうかな？ イギリスに出張したとき、ブラウン家に招いてもらったので、今度は日本の自宅（じたく）で、手づくりのおもてなしをしたいな。

サクラ：わたしも、うちに来てほしい！

カズ：わが家らしさの一番は、家族4人がいっしょに、いろいろおしゃべりをしながら食べること？

おかあさん：家族でいっしょに食べる、いっしょに食事の準備をする、いっぱいおしゃべりをしながら……それって、うちがふだんやっていることよね。そんなので「おもてなし」になるのかしら？

オーワン：まだわかんないかなあ。今まで見てきてわかったように、「和食」ってのは、ただ高級料理を食べるだけじゃなくて、日本人が、昔からくらしの中でつちかってきた伝統的な食文化そのものなんだぜ。別に、よそゆきの顔する必要ないって。

カマドー：その通り！ オーワンもようやくわかってきたようじゃな。外国からきたお客さまに、ふだん通りの日本のくらしを見てもらって、和食をいっしょに楽しんでもらう。りっぱなおもてなしじゃよ。

田中家一同：なるほど！

「和食のイメージカード」をたくさん書きだす

手紙には「和食を楽しみたい」と書いてありました。でも、ジャックやアンが思っている「和食」は、なにをさしているのでしょうか？
そこで、おとうさんの提案で、みんなは、和食について思いつくイメージや気持ちを、カードに書きだすことにしました。

たくさん出たのう。

あっさり / いなか / 箸で食べる / 健康 / 焼き魚 / 値段が高い / 米 / だし / 煮しめ / 新鮮な魚 / 和菓子 / 日本海 / 旬の食材 / ごはん / おいしい / コマツナ / しょう油 / とうふ / 和食レストラン / みそ / 日本酒 / かつお節 / 安全 / 酒蔵 / ダイコン / 稲作 / 緑茶 / 筑前煮 / 京都の料亭 / みそ汁 / 上品 / 郷土料理 / 主食・主菜・副菜 / 懐石料理 / 一汁三菜 / 器がりっぱ / すし屋 / 発酵食品 / 魚問屋 / 牧場 / 農家 / おせち料理 / みりん / お椀 / 栄養バランスがよい

日本文化と和食

和食の料理の成りたち

世界に広がる和食の魅力

和食の教科書 どんなおもてなしにしようか？

「和食のイメージカード」を「食の循環図」にはる

p71で書きだしたカードを、「食の循環図」にはることにしました。この循環図は、食について、生産から食事まで、からだの中の栄養、人間の生きる力や地域の生きる力の形成、そして次の生産への循環をえがいた図なので、イメージカードの内容や位置調べに都合がよいと考えたからです。

● 食の循環図

出典：『今考えよう、安全でゆたかな食生活・食環境④ ダイエットとアレルギー』（足立己幸・日本語版監修、文溪堂）より作成

「食べ物の中身のこと」のカードをさらにわけると、和食の「食事・料理・食品・栄養素のつながり」が見えてくる

　左の「食の循環図」を見てみると、「食品工場」「食料品店・食堂など」「台所」「食事」のところにはってあるカードは、「食べ物の中身のこと」なので、それをさらに、わけることにしました。

　下の図は、いつも食べている「食事」、それを構成している「料理」、料理の材料の「食品」、その中にふくまれている「栄養素」がつながっている図です。p72のカードの中で食べ物の中身に関するカードを、この4つのグループにわけてみました。

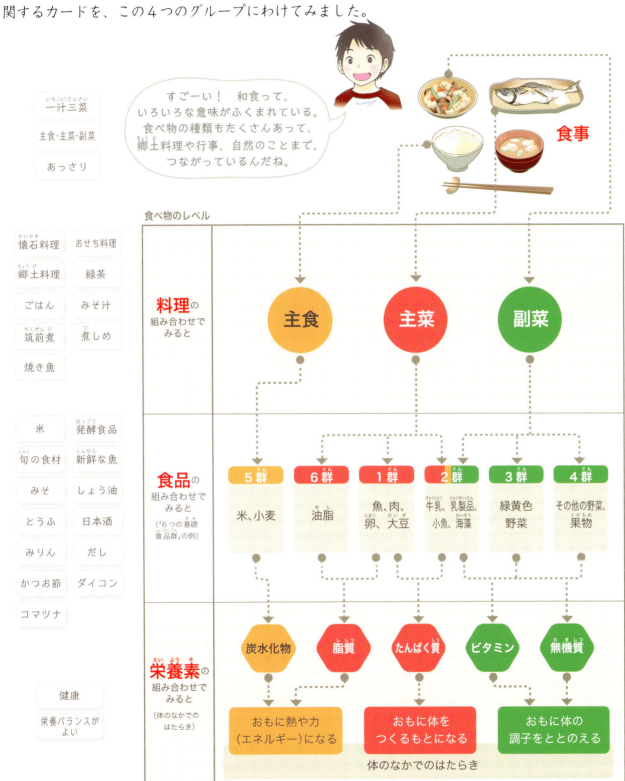

出典:『今考えよう、安全でゆたかな食生活・食環境① 健康な食事とは』(足立己幸・日本語版監修、文渓堂)より作成

なぜ、和食が世界から注目されているか

和食の教科書

「和食」は広くて、深くて、魅力がいっぱい

「和食」のイメージカードは、「食の循環図」の全体に関係していることがわかりました。カズやサクラはびっくりしましたが、それもそのはず、実は、和食の広さや多様性については、食に関わる専門家たちも、一言では説明しきれないので、さまざまな場で検討が続けられているほどです。

こうした中、2013年12月に、**ユネスコ世界無形文化遺産**として登録されたのです。

登録に当たって、日本の食文化の特徴として、次の4点が挙げられました。

- 多様で新鮮な食材とその持ち味の尊重
- 栄養バランスにすぐれた健康的な食生活
- 自然の美しさや季節の移ろいの表現
- 年中行事との密接な関わり

この説明文から、「和食」について、次のことが重要で、評価されたのだと読みとることができます。

❶ 和食は特別の食品や、料理などモノだけをとりあげているのではなく、自然を尊重する心をこめた食生活や食の営み全体をふくむ「日本人の生活の仕方や習慣」をとりあげていること。

❷ 自然の美しさやよいところを受け身で使うだけでなく、いろいろの知恵や工夫を加えて、よりよい食物や食生活に高めていくやり方をとりあげていること。

❸ こうしたやり方で、心身の健康づくりにもよい、食物や食生活を実現してきている具体的な実績をとりあげていること。

❹ こうしたやり方を日々の食事、節目の行事や祭りなどで実行して、人づくり・人間関係づくり・地域や国づくりをすすめてきたこと。

❺ **これらは全部つながっていて、多様な食生活や食文化をつくりだし、循環していること。**

これら❶〜❺のことは、生産から、加工・流通、食卓、地域、そして生きる力へと循環しているp72の「食の循環図」と同じ広がりを持ち、その内容はたがいにつながりあって、「生きる力」を生みだしている、といえます。

こうしたとらえ方からすると、❶に書いた「食品や、料理などモノだけをとりあげているのではなく」といういい方に説明を加える必要があるようです。つまり、食品も料理も「食の循環」の中の重要な一部ですから、食品や料理には、「食の循環」のすべてがしみこんでいることを理解し、そのことをいかした使い方や食べ方、伝え方が必要になる、ということです。

 ## なぜ、今、「和食」を学ばなければならないのか？

和食がすぐれたもので、また国際的に評価されているのはわかりました。でも、なぜ、今、わたしたちは、和食について学ぶ必要があるのでしょうか？
その理由には、次のことが考えられます。

- 近年、からだや心の健康状態がよくない日本の子どもたちが増えて、その原因が食事の内容や食べ方にあることが明らかになっていますが、成長や健康づくりにすぐれているといわれる和食の内容や方法から、その問題解決の方法を具体的に知ることができるからです。

- 日本の豊かな自然を活用し、長い年月をかけて育んできた和食ですが、残念なことに今の日本では、食生活が変化し、和食のよさをいかした食生活が少なくなり、その結果、たくさんの問題点をかかえているからです。たとえば、日本の食料自給率はカロリーベースで40％以下になっています。※国際的な問題が起きて輸入ができなくなると、わたしたちの目の前の食物の約60％は手に入らなくなり、日本人は日常的に食料不足になり、健康を害する人が増えるといわれています。

※食料自給率とは、国内の食料消費が国内の農業生産で、どの程度まかなえているかを示す指標。1人1日当たり国産の食品でまかなったカロリーを、1人1日当たりの総カロリーで割ったもの。

日本人1人、1日当たりの供給エネルギー量から見た食生活の変化

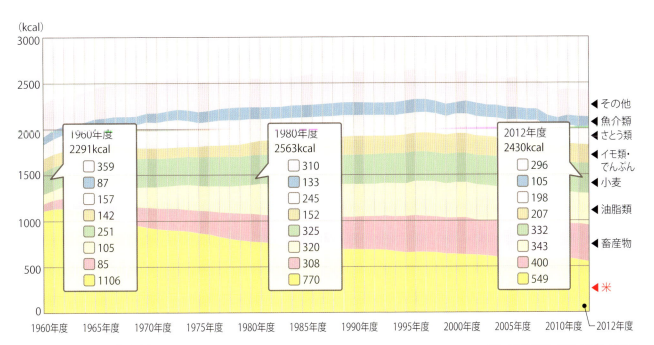

出典：「食料需給表」（農林水産省）より作成

1960年代から米の摂取量がどんどん減っている。

なぜ、和食が世界から注目されているか

へー！そんなにぼくたちの食生活って、世界中が注目しているんだ。

そんなことも知らないのか。おいしいものいっぱい、好きなものいっぱいの食事は、みんなのあこがれさ！

バッカもーん！かんちがいするでない！

世界が注目しているのは「今」ではなく、ちょっと前の豊かな自然と風土の特徴をいかした、バランスのよい「和食」じゃ。

世界の健康問題と和食

　世界に目を向けると、いろいろな国がもっとさまざまな健康問題をかかえています。アフリカ、東南アジア、南アメリカを中心とする食料不足と低栄養、そのための低体重（痩せ）や免疫力低下の問題。一方、アメリカ、ヨーロッパでは、かたよった食物の過剰摂取による肥満や、生活習慣病の問題です。

　これらに対し日本では、乳幼児や子どもの死亡率が低く、長寿であることから、健康な食生活の進め方に注目が集まっています。ユネスコ無形文化遺産への登録で、和食が健康づくりに貢献していることが明らかになったので、興味はさらに高くなったといえるでしょう。

　このように、食については、個人の問題だけでなく、地域や国全体として考える必要が高まっています。子どもも高齢者もそれぞれの立場で意見を出しあって、今後の食のあり方やよい方法を考えていかねばなりません。自然をうまくいかし、その感謝の気持ちを表現しながら発達してきた和食のやり方を学び直して、実行に移す必要があります。

　けれども、ここで注意しなければならないことは、外国人の興味の内容は、今の日本人の食生活でなく、少し前の「和食の特徴をいかした和食の知恵」であり、その知恵や考え方を「異なった文化や環境で、応用・展開できるか」ということです。

　こうした期待にこたえるためには、和食の本を読んで結果を答えるだけでなく、自分でやってみて疑問を解き、もっと工夫をして、確かな事実をしっかり発信できることが求められています。

● 低体重（痩せ）と肥満の両方からの栄養不良の国が多い

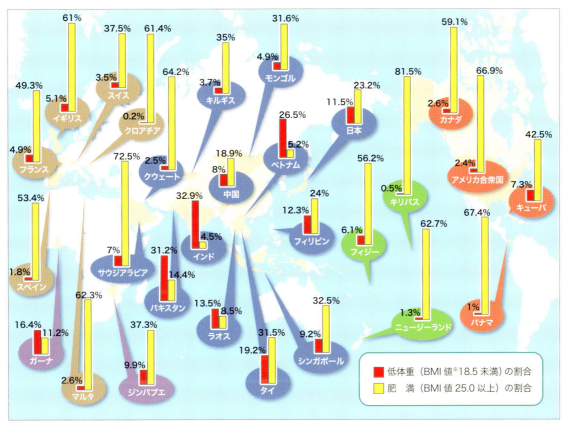

出典：「WHO Global Health Observatory Data Repository 2015」より作成

　食事は毎日3回くり返す行動なので、"実行"のチャンスはたくさんあります。そして、生きているすべての人が毎日くり返す行動なので、みなが知りたがっている和食について、そのやり方を、他の国や地域の人々に伝える必要があります。これこそ、モノの使い方だけでなく、やり方やこころを重要視してきた「和食」です。

　これらのことから、「和食」は、以下のようにいい表すことができます。

和食とは、
　日本人が昔から、日本の豊かな自然や風土の特徴をいかし、育んできた「食」の営みと、その成果の全体を意味します。
　その結果、おいしくて、栄養バランスもよいので、心身の成長や健康づくりに効果が高く、自然や人間に対するやさしい心を育て、家族や地域づくりへよい影響をもたらしてきました。
　ここでいう「食」とは、地域での食物の生産・加工・流通（輸出入も）・廃棄や保存・調理（料理づくりや食事づくり）・食事・共食・食の学習や共有・食を営む力の形成・生きる力の形成・社会的な活動をする力の形成・次の食活動という「人間と食物と地域との関わりの循環」を意味します。

※ボディマスインデックス体格指数。体重と身長の関係から算出される、ヒトの肥満度を表す体格指数のこと（p104参照）。

和食の教科書

"和食でおもてなし"の基本方針を決める

　和食のイメージカードを書いたり、「食の循環図」にはりつけるときに、いろいろと話し合ったので、「おもてなしの基本方針」がはっきりして、具体的な内容についても、話がまとまってきました。

❶ ブラウン家の希望「和食を楽しみたい」を優先する。これは「食の循環図」（p72参照）の一部である「食事（食べる―味わう、消化、吸収、排泄）」に当たる。

❷ 田中家の4人それぞれが力を出し合って、自宅で手づくりのおもてなしをする。ふだんの生活や、食事のありのままを見てもらう。

❸ メニュー作成、買い物、下準備、料理づくり、食事づくり、廃棄や保存という食事づくりの全体を、できるだけカズとサクラで担当する。

❹ 当日の食事は、白いごはんと一汁三菜（主食と、主菜と副菜2品と、汁の組み合わせ）にする。主食は、秋なので新米のごはん。主菜は、日本の海でとれた旬の魚。副菜も、地域でとれた旬の野菜を中心にする。伝統的な和食の調理法のよさを活用する。

❺ 食事全体の量や、それぞれの料理の量は、身近な食器である弁当箱を使って、栄養バランスがよく、ちょうどよい量がわかるものさしである「3・1・2弁当箱法」（p104参照）ですすめる。食べる人にとって適量で栄養バランスがよく、おいしく、くらしや環境に合っている。

❻ 時間をとって、たくさんの話ができるように当日のスケジュールを考える。食事をゆっくり味わいながら、食事づくりや食器の話、祭りや祝いの日の食事の話などもできるようにする。

❼ ブラウン家のみなさんがイギリスに帰国して、それぞれの場で「和食のこと」を他の人に伝えてほしい。できたら当日の料理をつくって、イギリスでも「和食で共食」の場をつくってほしい。だから、かんたんにつくることができる料理を選び、レシピをプレゼントする。

サクラ　すてき、すてき。ジャックやアンがイギリスに帰ってから、同じような食事がつくれる内容がいいわ。

カズ　うん。ふだんの食事で、おもてなしをしたいね。

おかあさん　2人の気持ちは、よくわかったわ。自分たちのいつもの「食事」をつくって、ごちそうしたいのね。

おとうさん　それこそ、本当の手づくりのおもてなしだね。

基本方針を決めたら、どんどん具体的なイメージがうかんできました。

- おとうさん　わが家の広さや間取りは決まっているのだから、ありのままを全部解放して、楽しんでもらおう。
- おかあさん　はずかしいから、いやだわ。一番心配なのはカズの部屋ね。
- カズ　当日までには、大そうじをしておくよ。
- サクラ　秋だから、庭のカキやミカンもおいしくなるころね。
- カズ　ジャックやアンをどのように案内するかのシュミレーションも必要だね。

いろいろな意見が出される中、当日について、次のようなおもてなしのイメージができました。

- バス停まで、**むかえに行く**（カズとおとうさん）。
- **玄関**で出むかえ、コートや荷物を預かる（サクラ、おかあさんも加わる）。
- **お茶で一服**してもらい（おかあさん）、**家の中を案内**する（カズとサクラ）。
- リビングに集まって**会食**。はじまる前に、**今日の食事の紹介**をする。和食パワーをいかした食事についても紹介する（カズとサクラ）。
- **カンパイ**。いろいろな話をする。**イギリスのことも聞いてみる**。
- 天気がよければ、庭のテーブルで**お茶とお菓子を食べる**。
- 帰りに、**お土産をわたす**。ジャックとアンには、それぞれのサイズの**弁当箱**、おとうさんとおかあさんには、ぴったりサイズの**ごはん茶碗**を。4人に**塗りの箸**と**箸置き**をプレゼントする。
- その日の「和食でおもてなし3・1・2」の写真と、レシピを書いた**冊子**もわたす。
- バス停まで、**4人全員で見送る**。

- おとうさん　すごい、すごい！　最高のおもてなしになりそうだね。「和食でおもてなし3・1・2」という名前もいいね。
- おかあさん　わたしも、がんばらなくっちゃ、という気持ちになってきたわ。
- カズ　サクラ　がんばろう！

和食の教科書

料理を選んで、食事を設計する

おばあさんの料理カード

おもてなしの料理を選ぶために、カズとサクラは、おばあさんの家にやってきました。

おばあさんの家には、「料理カード」がたくさん入った大きな箱がありました。カードのうらには、それぞれ主食料理、主菜料理、副菜料理の他、汁などその他の料理の印がついているし、かんたんなつくり方も書いてあります。カズとサクラは、「料理カード」を箱ごと使わせてもらうことにしました。

●「料理カード」の箱の中の料理

	おもな材料	生のまま	焼く	ゆでる
主食	米			団子
	小麦		パン・トースト・おやき	うどん・そうめん
主菜	アジ	さしみ	塩焼き	
	ブリ	さしみ	照り焼き	
	サバ	酢じめ・さしみ	塩焼き	
	サケ	ルイベ（さしみ）	塩焼き・照り焼き・むし焼き	
	イワシ	さしみ	照り焼き・蒲焼き	
	エビ	さしみ	鬼ガラ焼き	
	とり肉	とりわさ	照り焼き・くわ焼き	
	牛肉		網焼き・ステーキ	
	ぶた肉		しょうが焼き	
	たまご		玉子焼き・伊達巻	ゆでたまご
	大豆	冷ややっこ		
副菜	ダイコン	おろし大根・なます	大根ステーキ	ふろふき大根
	ニンジン	なます		
	ゴボウ 〉根菜			
	レンコン			酢れんこん
	ホウレンソウ			おひたし・ごま和え
	ハクサイ	酢の物		おひたし
	キュウリ	酢の物		
	ブロッコリー	ゆで野菜		
	トマト	サラダ		
	ジャガイモ			じゃがいももち
	サツマイモ		焼きいも	
	海そう	若芽の酢の物		
汁・その他	汁	冷や汁		
	牛乳	牛乳		
	くだもの	リンゴ・ミカン	焼きりんご	
	茶			

❶ 料理選びで重視すること
- ジャックやアンが喜びそうな料理で、和食らしい料理。
- 今の季節に合った料理。できるだけ日本で生産される食材を使っている料理。
- カズやサクラがつくることができそうな料理で、ジャックやアンもつくることができる料理。

❷ ①を考えながら、料理を選ぶ
- **主食**料理 … おばあさんのアドバイスで、主食にこい味がついていると、他の料理の組み合わせがむずかしくなるので、味がついていない白いごはんにした。
- **主菜**料理 … 日本の近海でとれる魚や、日本で育てているとり肉を使った料理を選ぶことにした。
- **副菜**料理 … ゆで物やむし物などは、日本で昔から食べられてきて、健康にもよく、しかもかんたんな調理法。主菜が決まってから、それに合う副菜を決める。
- **汁** など … 和食の特徴である「一汁三菜」をいかして、おいしそうな汁を、他の料理に合わせて選ぶ。

これらのことから、料理は次のものに決定しました！

主食：ごはん　**主菜**：サケの塩焼き、または、とり肉のくわ焼き　**副菜**：筑前煮、青菜のおひたし

むす	煮る	いためる	あげる	その他
飯・おこわ	白飯・たきこみごはん・五目ずし	チャーハン		
	かけうどん・すいとん			
	煮つけ		からあげ・南蛮漬け	
	煮つけ・みそ煮・照り煮		竜田あげ	
酒むし	三平汁・石狩なべ		南蛮あげ	
	つみれ・しょうが煮			
酒むし	酒煮		天ぷら	
酒むし	じぶ煮		からあげ	
	すき焼き・しぐれ煮	そぼろ		
	塩ぶた・煮ぶた・角煮・ぶた汁		とんかつ	
どうふ・茶碗むし		炒りたまご		
	湯どうふ・すまし汁・けんちん汁			
	ぶり大根・おでん・切り干し大根			漬け物
	筑前煮・煮しめ	きんぴら	天ぷら	漬け物
	筑前煮・煮しめ	きんぴら	天ぷら	
	筑前煮・煮しめ	きんぴら	天ぷら	
	常夜なべ			
白菜むし	なべ			漬け物
				漬け物
	さっと煮			
	肉じゃが・みそ汁・こふきいも		素あげ	
かしいも	あま煮・茶巾しぼり		天ぷら・大学いも	
	ひじきの煮物	ひじきの油いため		
	みそ汁・すまし汁・さつま汁			
プリン				アイスクリーム
	あま煮			
				茶・抹茶

日本文化と和食

和食の料理の成りたち

世界に広がる和食の魅力

和食の教科書 　料理を選んで、食事を設計する

なにを食べたらよいか？　〜主食・主菜・副菜の組み合わせ

「なにをどれだけ食べたらよいか？」の問いは、人間が健康で人間らしく生きることの基本の問いだといわれてきました。

日本では、室町時代の本膳料理を出発点に（p14参照）、庶民の生活でも実現できるようにと、主食のごはんと一汁三菜の食事が多くの人に食べられてきました。しかし、第二次世界大戦後、輸入食品が増加し、加工ずみ料理の利用や外食も多くなり、かたよった食生活で、肥満や体力の低下、生活習慣病など、健康を害する人が増えました。この改善のために、それまで食べられてきた「ごはんと一汁三菜の食事」、すなわち「ごはん（主食）とおかず（主菜と副菜）を組み合わせた食事」のよさが見直され、「日本型食生活」と名づけられたのです（p22参照）。

主食・主菜・副菜料理を組み合わせた食事は、食材や栄養素のバランスもすぐれていることが明らかにされ、「日本人にとって、なにを食べたらよいか？」のものさしの1つになっています。主食・主菜・副菜の定義については、p38を見てください。

主食・主菜・副菜料理を組み合わせた食事の特徴は、
❶ 食卓にならぶ1食なので、だれもが見てわかる。
❷ ならんでいる料理全体を見て、組み合わせをチェックできる。
❸ 栄養面だけでなく、味の組み合わせもよい。
　味がついていない主食（ごはん）と、味がこくて重みのある主菜と、いろどり豊かでしっとりした副菜の組み合わせが、食事全体のおいしさを引きたたせる。

●「3・1・2弁当箱法」の5つのルールを

■「3・1・2弁当箱法」の5つのルール
……おいしさも、健康も、食料自給率もいっしょ

ルール1	食べる人にとって、ぴったりサイズの弁当箱を選ぶ（600キロカロリーなら600ミリリットル）
ルール2	主食 3：主菜 1：副菜 2の割合
ルール3	同じ調理法の料理（特に油を多く使-
ルール4	動かないようにしっかりつめる
ルール5	全体をおいしそう！に仕上げる

■ どれもおいしい3・1・2 ……食べる人に

| 主食3 | 主菜1 | 副菜2 |

| 主食3 | 主菜1 |
| | 副菜2 |

なにをどれだけ食べたらよいか？ ～「3・1・2弁当箱法」

　たとえ、主食と主菜と副菜がそろっていても、食事全体として、量が少なすぎては体温を保つことも、活動をすることも、成長することもできなくなります。これらに必要なエネルギーも、さまざまな栄養素も、量が少ないとからだ全体の代謝がすすみません。一方、食事全体の量が多すぎると、余分なエネルギー分は体内で脂肪に変化して、肥満につながります。大切なことは、食事全体としてちょうどよい量で、かつ必要な栄養素のバランスがとれていることです。

　そこで、身近な食器を使って、だれでもかんたんにできるものさしがほしいと開発されたのが、「3・1・2弁当箱法」です（p104参照）。

使って「和食でおもてなし3・1・2」の食事づくり

にアップ！

チェックしながらすすめると、かんたんにできます。

全体の量を決める
- ☐ 食べる人の年齢・体重に合わせて弁当箱を選んだか

料理の種類と量を決める
- ☐ 主食・主菜・副菜・♡ から候補となる料理を決める
- ☐ 調理法が重なっていないか？ 油は？ 食塩は？
- ☐ 主食3・主菜1・副菜2の割合につめたか？（この順につめるとよい）
  いろいろなつめ方がある（下図を参照）

に料理をつめる

た料理）は1品だけ

つめ方
- ☐ 弁当箱にしっかりつめたか

全体チェック
- ☐ 全体を見て、おいしそう？ （他の人にもあけたい気持ち？）

とっておいしい食事、エネルギー量も栄養素のバランスもうまく組み合わさって、1食ができあがる！

日本文化と和食

和食の料理の成りたち

世界に広がる和食の魅力

和食の教科書 料理を選んで、食事を設計する

「3・1・2弁当箱法」の1食は、食品群や栄養素のバランスからみても合格！

　カズとサクラは、「3・1・2弁当箱法」をもとにする、1食づくりの練習をすることにしました。

　サクラは、健康な8歳の女の子ですから、1日に1800kcalくらいのエネルギーがよいとされています。1食は、1日分の1/3とすると、ほぼ600kcalになるので、600mlの弁当箱を使うことにしました（p104参照）。

● 「主食と主菜と副菜の組み合わせ」が、成長や健康づくりによいのはなぜ？

「和食でおもてなし3・1・2」のメニューで、チェックしてみましょう！

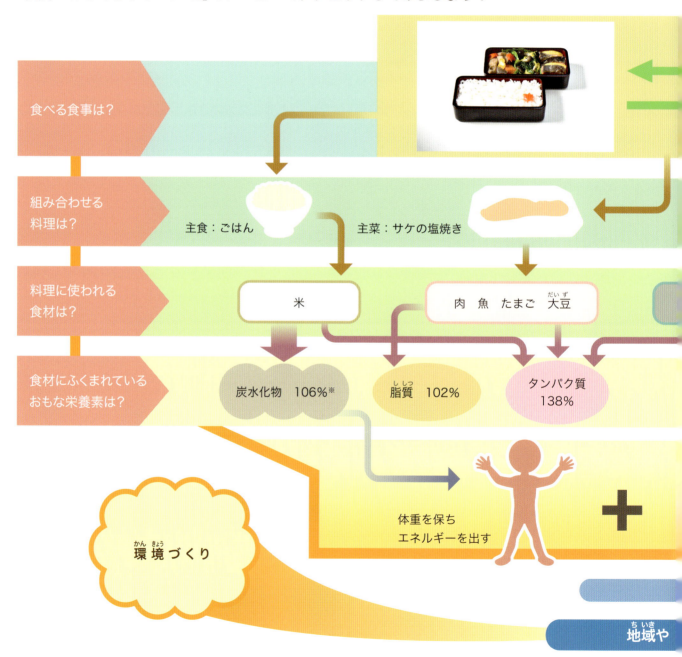

主食 のごはんは、米を食材にして、たきあげます。その中にふくまれている栄養素の70％ぐらいは炭水化物です。体内では、燃えてエネルギーを出します。炭水化物の他に、タンパク質、ビタミンB1や食物繊維などをふくみます。

主菜 のサケの塩焼きは、おもな食材が魚ですから、血液や筋肉をつくるために重要なタンパク質を多くふくみます。注意することは、主菜が肉料理で、あげ物やいため物が多い場合は、タンパク質といっしょに脂質がたくさん入るので、とりすぎにならないようにすることです。

副菜 は、筑前煮と青菜のおひたしの2種類で、いろいろな野菜、きのこやイモを食材にしているので、ビタミン類やカルシウムなどのミネラルがたくさんふくまれています。これらは、たくさんの栄養素が体内で役割を果たすときの調整をしてくれます。

これで「和食でおもてなし3・1・2」は、バッチリだね！

副菜：青菜のおひたし　筑前煮

○すまし汁
○サツマイモの茶巾しぼり
○お茶

きのこ、海そう、イモ　｜　緑黄色野菜　野菜　｜　牛乳　｜　くだもの　｜　菓子

カルシウム　鉄　　ビタミン類　　食物繊維　　水

筋肉や血液をつくる　＋　からだの調子を整える　　地域づくり

生きる力の形成

社会の生きる力の形成

※1日になにをどれだけ食べればよいかについての基準を示したものが「日本人の食事摂取基準」で、性別、年齢別に書かれている。その目安量の1/3（1食分）を100としたとき、この献立の摂取量がどのくらいの割合になるのかを示したもの。

日本文化と和食

和食の料理の成りたち

世界に広がる和食の魅力

和食の教科書

「和食でおもてなし3・1・2」の食事づくり

● 食事づくりの循環図

P
どんな食事にするかを考えて、「食事の設計図」をえがく。だれが、だれと、いつ、どこで食べる食事なのか、この食事で大切にしたいことなどを考ええがく。

- 食事の設計図を一汁三菜の形式にそって、主食と主菜と副菜の組み合わせにする。
- 「主食」を、日本の米を食材にしたごはんにする。
- 「主菜」や「副菜」の1品以上は、日本の伝統的な調理法にする。
- 「汁など」に、みそ汁やすまし汁など日本の醗酵調味料をいかした料理、または緑茶をそえる。

D-1 準備
材料、道具、身じたく

- 身じたくを整えて、衛生面に注意する。
- 和食用の食器は、季節や行事に適したものを選ぶ。ごはん茶碗や汁椀、箸の大きさは食べる人に合わせる。
- 食材の買い物は、旬の新鮮なものを選ぶ。店の人に食材の生産地など、特徴やあつかい方を教えてもらう。

D-2 料理づくり
- 組み合わせる料理をつくる。
- すでにつくってある料理を使う。
- 家族の都合でそうざいなどを買うこともある。

- 伝統的な調理法や調味法について調べるとよい。和食の調理法はかんたんで、工夫されたやり方が多い。その上で、電子レンジの使用など、新しい調理の方法を工夫する。
- もりつけは、食事の設計図全体の中で、考えること。和食の雰囲気を出せるもりつけがよい。

食事づくりの循環図？？？

「食事づくりの循環図」を使って、おいしい料理をつくる

料理の一品一品をおいしくつくることは、とても大事なことです。しかし、もっと大事なことは、料理それぞれのおいしさを出しあって、"食事全体をおいしく"仕上げることです。下の図は、食事全体をうまく仕上げることを目標に、それぞれの料理をつくっていく「食事づくりの循環図」です。「食事づくりの循環図」は、左上の「**Plan（P）**―食事の設計図をえがく」からはじまり、「**Do（D）**―実行」「**Check（C）**―味わって食べる・チェックする」「**Action（A）**―次の行動へ」……とすすみます。Dには、「D-1 準備」「D-2 料理づくり」「D-3 食事づくり」「D-4 あとかたづけ・保存や再利用・ごみの処理」などがあります。

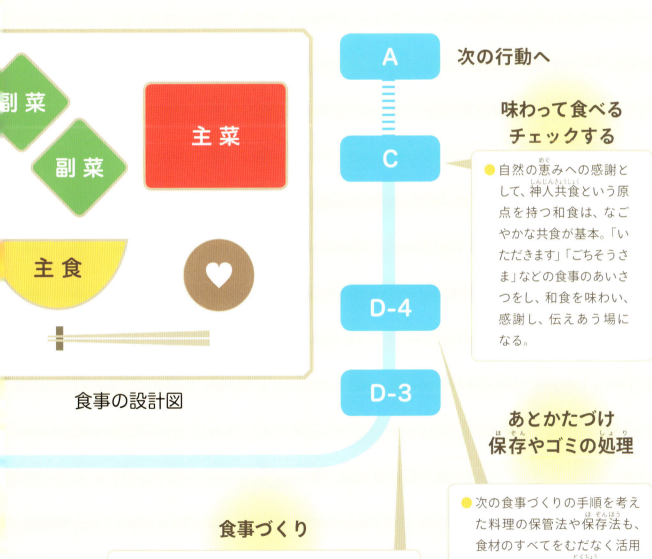

和食の教科書　「和食でおもてなし3・1・2」の食事づくり

「食事づくりの循環図」にのせて筑前煮をつくってみよう

P ── どんな食事にするかを考えて、食事の設計図をえがく

D-1 準備

材料（4人分）：ニンジン・レンコン・ゴボウ・こんにゃく 各40g、干ししいたけ2個、サトイモ2個、とり肉40g、パプリカ（赤・黄）20g、サラダ油 大さじ1、だし汁 1.5カップ、しょう油・酒 各大さじ1、さとう 大さじ1

道具：包丁、まな板、計量スプーン、ボウル、菜箸、なべ、もりつけ皿、箸、ぬき型

身じたく：エプロン・三角巾をし、手をあらう。

食事の設計図

D-2 料理づくり

0分 下ごしらえ
- ニンジン、レンコン、ゴボウ、こんにゃくを乱切りにする。
- とり肉を一口大に切る。
- サトイモは皮をむき、小口切りにしてさっとゆでる。
- 干ししいたけは、水でもどしてから切る。
- パプリカはさっと塩ゆでにして、もみじの型ぬきでぬいておく。

20分 加 熱
- なべに油をいれて加熱し、とり肉をいため、かたい野菜からいためていく。
- だし汁と調味料を入れて、ひと煮立ちしたら火を弱め、コトコトと野菜がやわらかくなるまで煮る。

50分 もりつけ
- 煮物鉢にもり、パプリカをかざる。

主食：ごはん

［材料］（1人分）：米 80g

［つくり方］
1. 米をボウルに入れてあらい、水気を切る。
2. 炊飯器に①を入れて、分量の水を入れ、30分以上おく。
3. 炊飯器のスイッチを入れる。
4. たき上がったら、切るようにまぜて、茶碗にもる。

主菜：サケの塩焼き

［材料］（1人分）：サケ1切れ（70gくらい）、塩 0.5g、酒 少々、レモン

［つくり方］
1. サケに酒をふり、水気をふきとる。うら表に塩をふり10分おく。
2. レモンを切る。
3. グリルにサケを入れて、両面をよく焼く。
4. 皿にもり、レモンをそえる。

日本文化と和食

和食の料理の成りたち

世界に広がる和食の魅力

主菜

A	次の行動へ
C	味わって食べる チェックする
D-4	あとかたづけ 保存やゴミの処理
D-3	食事づくり

副菜：青菜のおひたし

[材料]（1人分）：ホウレンソウ 70g、黄菊 5g、シメジ 10g、だし汁 小さじ1、しょう油 小さじ1/2、塩・酢 少々

[つくり方]
1. ホウレンソウは3cmに切り、シメジは石づきをとり、こぶさにわける。
2. 菊の花びらを酢水でゆでて、水にさらし、水気をしぼる。
3. なべに水を入れて加熱し、シメジ、ホウレンソウのじく、葉の順にゆでて、水にさらし、しぼる。
4. ボウルにだし汁と調味料、②と③を入れて和える。
5. 小鉢にもる。

副菜：さつまいもの茶巾しぼり

[材料]（1人分）：サツマイモ 50g、さとう 小さじ1、塩 少々／中に入れるもの（クリの甘煮など）

[つくり方]
1. サツマイモを1cmに切り、厚めに皮をむき、30分くらい水にさらす。
2. なべにサツマイモとひたひたの水を入れて加熱し、沸騰したらゆで水をすてて、また水を加え、やわらかくなるまで煮る。
3. ②をザルに上げ水気をとり、ボウルに入れて、マッシャーでつぶし、さとうをまぜる。
4. ふきんの上に③を広げて、クリの甘煮をのせて、ぎゅっとしぼってひねる。
5. 菓子皿にもる。

すまし汁

[材料]（1人分）：とうふ 10g、シュンギク 5g、ユズ、だし汁 150ml、しょう油 小さじ1/2、塩 少々

[つくり方]
1. とうふはさいの目に切り、シュンギクは食べやすい長さに切る。ユズはうすくへぎ、せん切りにする。
2. なべにだし汁を入れて加熱し、とうふ、シュンギクを入れて調味をする。
3. 椀にもり、ユズをそえる。

主菜：とり肉のくわ焼き

[材料]（1人分）：とり肉 70g、かたくり粉 小さじ1、しょう油 小さじ1、みりん 小さじ1、酒 小さじ1、サラダ油 小さじ1/2

[つくり方]
1. とり肉に、かたくり粉をまぶす。
2. フライパンに油をしいて、とり肉を皮の方から焼く。
3. 調味料を入れて、とり肉の両面にからめる。
4. 食べやすい大きさに切り、皿にもりつける。

※1人分の材料は、700〜800kcalの量。小学校中学年から高学年の男子の量になる。

和食の教科書 — 直前の準備と役割分担

● 3日前からのスケジュールと役割分担

日　時		お客さま	全　体	作業など　リビング
3日前までに			ていねいに家中のそうじ	
前日			リビング・玄関・トイレのそうじ	
当日	朝		玄関のそうじ	
	11時	到着	バス停までおむかえ　家の中の案内	
	12時	会食	カンパイ	「食の循環図」と「和食でおもてなし3・1・2」の紹介
				料理の紹介
			歓談	
				庭でのお茶
		お別れ	バス停までお見送り	
				あとかたづけ
次の日			家中のあとかたづけ、そうじ	
1〜2週間以内に			お礼状を書く　次のおもてなし計画へ	

当日わたす「しおり」は、こんな風につくってみよう！

- 和紙を二つ折りにして、折り目をひもで結ぶ。
- 日本語と英語の両方で書く。
- 表紙に「和食でおもてなし3・1・2」のタイトルと、年月日を書く。
- 開いた中ページには、当日のスケジュールを書く。
- どこかに、当日全員でとった写真をはるスペースをつくる。
- うら表紙には、両家の名前、住所、メールアドレスなど連絡先を書く。
- 「食事づくりの循環図」とレシピもわたす。

おもてなしの基本方針（ほうしん）を決めたときに、おおよその当日のスケジュールについては、決めていました（p79参照）。

当日の3日前までにすませておくこと、前日にすること、当日のことなど、スケジュール表をつくりました。

> メモには、変更（へんこう）があったときや、わすれていたことなど、気がついたことを書けばいいのね。

食事づくり	分担（ぶんたん）				メモ
	カズ	サクラ	おとうさん	おかあさん	
	●	●	●	●	
食材の買い物	●	●		●	
食器を出す		●		●	
	●		●		
買い物		●	●		
料理の下準備	●	●		●	
料理・食事づくりのセッティング	●	●		●	
	●		●		
	●		●		
	●	●			
			●	●	
				●	
	●	●	●	●	
	●	●	●	●	
食器や道具をかたづける		●	●	●	
	●	●	●	●	
	●	●	●	●	
	●	●	●	●	

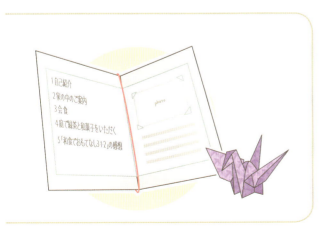

日本文化と和食

和食の料理の成りたち

世界に広がる和食の魅力（みりょく）

和食の教科書

いよいよ、本番！

おとうさん　ブラウン家のみなさま、ようこそいらっしゃいませ！
お待ちしておりました！

ハリー　日本語で"カンパイ"を練習してきました。

全員　カンパイ！

カズ　お手紙に「和食を楽しみたい」と書いてありましたので、
家族で何度も話し合いをして、ぼくたちみんなでつくりました。
食事はとてもおいしくできたと思いますので、楽しんでください。

サクラ　ジャックとアンがとても大きくてびっくりしました。
たくさんお話ができるといいなと思います。

カズ　今日のおもてなしのテーマは
「**和食でおもてなし 3・1・2**」です。

和食は広い意味があり、いろいろなことをふくん
でいるので、今日のおもてなしでは、そのほんの
一部「わたしたちのふだんの食事」にしました。

おとうさん

カマドー　「食事」は食べ物だけでなく、食べることやつくる
こと、話し合いをすることなど、人々の行動も入
るんじゃ。食べる人のからだ・心・くらしや地域
のことまでつながっている。これらの営み全部が
「食事」じゃ。だから今日の食事は、これら
の全部をつつみこんだ意味になるんじゃよ。

　だれ？

　日本の妖精みたいなものさ

おかあさん

カズ　食事のちょうどよい量（適量）は、からだの大きさや活動量でちがうので、みなさんの身長と体重に合わせてつくりました。だから、ジャックが一番大きくて、アンが一番小さいです。

今日の **主食** はごはんです。何も味をつけていないので、どんな色の料理でも、どんな味の料理でもよく合います。それから、**主菜** は2種類を用意しました。1つは、日本でとれるサケを塩焼きにしました。もう1つは、とり肉のくわ焼きです。しょう油のかおりがとてもよいです。

おかあさん　**副菜** は、2品つくりました。両方とも伝統的な和食料理です。1つは季節の青菜をゆでて、うすいだし汁にひたすだけの料理です。緑がきれいでしょう。もう1品は、筑前煮といいます。今、秋なので日本ではおいしいイモ類がたくさんとれます。イモ、ニンジン、こんにゃくなどいろいろ入れて、サッといためて、さとうとしょう油で煮る料理です。今日のようなおもてなしのときには、かざり切りをすると、とてもきれいな1品になります。今日は、赤ピーマンをもみじにしました。

和食の料理の組み合わせ

和食は、伝統的な料理の組み合わせである「主食と主菜と副菜の3種類の料理を組み合わせる」ときに和食パワーが高くなります。さらに、その量がほぼ3：1：2の割合で組み合わさると、成長や健康づくりによいことが確かめられています。このとき大事なことは、1食の量をからだや活動状況に合わせること。自分に合った弁当箱を使うと、とてもわかりやすいです。

日本文化と和食

和食の料理の成りたち

エマ

ハリー

ジャック

サクラ

アン

カズ

世界に広がる和食の魅力

いよいよ、本番！

会食で

おいしいなぁ、アン。茶碗の底を持っている手の指はのばすと、もっときれいだぞ。エッヘン！

サクラ　アン、お箸をとてもじょうずに使って食べるのね。びっくりしたわ！

アン　サクラのまねをして、筑前煮のサトイモをお箸で2つに切って食べたら、口の中でちょうどよい大きさになって、とてもおいしかったわ。

エマ　そうそう、今、イギリスでは「日本のお箸でダイエット」が流行しているのよ。スプーンで食べると一口の量が多くなって、どんどん食べてしまうので、肥満になりやすいと新聞で紹介されたの。それに対してお箸の一口は、多すぎないのでゆっくり味わって食べるようになり、肥満になる人が少ないってね。

おとうさん　いやー、せっかくほめていただいているのに、残念なことに一部の日本人は、箸を使っていても、食べ物をかきこんだりするんだよ。それに、スプーンを使って大口で食べたりね。この家にも1人いて、いつも家族から注意されているんだけど……。

カズ　ぼくはそんなことをしていない……。今日からしないよ！

ハリー　お箸は、和食のシンボルの1つだね。健康によくて美しい。

おとうさん　イギリスでは生活習慣病予防のために、減塩運動をして、効果をあげているそうだね。今、日本もイギリスのやり方を学んで、新しい減塩運動の検討がはじまったそうだ。

ハリー　減塩運動はイギリスの自慢の1つだよ。調査の結果、塩分のとりすぎに強く影響しているのが、パンだということが明らかになったんだ。パンには、だいたい1％の塩分がふくまれているからね。パンはイギリス人にとって主食だから、1日の食べる量が多く、1日の塩分摂取量に大きく影響してしまう。そこで政府が、市販のパンの塩分をじょじょに下げていく政策を実行して、今も続けているんだよ。実はこのときも、日本の和食が話題になったんだ。

おかあさん　日本人の主食のごはんは、塩分をふくまない米の味だけなので、塩分はゼロなのよ。

エマ　そうなのね。塩分がゼロなのに、こんなにおいしいなんて。だから、いろいろな料理と組み合わせることができるのね。

カズ　そっかー。白いごはんは、味がないことが特徴だったのか。気がつかなかったよ！

2週間後……

 イギリスからお礼の手紙が来ました！

カズ 　ジャックは、学校で日本でのことを「和食は健康づくりのマジックだ」と話したんだって。

サクラ 　アンはさっそく、ジャガイモで茶巾しぼりの新作お菓子をつくったらしいわ。
「ジャガイモをゆでて、少しさとうを入れて、最後に粉のチョコレートでかざった」と書いてある。

おかあさん 　エマさんは、「おばあさんの知恵のすばらしさにおどろいた」と書いてあるわよ。
ご自分のおかあさんは、もうなくなっているけど、自分も知恵の豊かな母になりたいと思っているんだって。

おとうさん 　同封の写真を見ると、プレゼントしたごはん茶碗とお箸と箸置きが、玄関にかざってあるよ。和食のシンボルを玄関にかざったんだね。「お箸で一口ずつ味わって食べる和食文化に感激したこと。一度にたくさん食べてしまうスプーンの文化ではできない、和食はダイエットの基本だと思った」と書いてあるよ。
今まで気がつかないでいた和食のよさを、ブラウン一家が教えてくれたことに感謝だね。

カズ 　今回のことで、和食のことをもっとみんなに伝えたい、と思うようになったよ。
クラスの友だちにも、日本人だけでなくジャックの友だちや他の国の人たちにも。
でも、そのためには、和食のことをちゃんと勉強する必要があるね。
今回はおとうさん、おかあさん、そしておばあさんが教えてくれたので助かったけど、これからは1人で1食全部がつくれるようになりたいな。

カズ　サクラ 　さあ、この手紙を持って、おばあさんのところに報告に行こう！

おせち料理

おせち料理は、本来は五節句※につくられる料理ですが、現在では、正月料理を「おせち」とよんでいます。おせち料理の基本は「三種祝肴」で、「五穀豊穣」「子孫繁栄」「不老長寿」の願いをこめた、ごまめの田づくり、数の子、黒豆です。重箱には、タイの姿焼きやエビの具足煮などのおめでたい材料を用いた料理、ダイコンとニンジンで紅白にしたなます、黄金色をイメージしたきんとんなどが、おめでたいことが重なるようにと、つめられます（写真は現代のおせち料理の1例です）。

おせち料理とともに、屠蘇（邪気をはらい長寿を願う縁起物の酒）と雑煮も出されます。家族や親せきが集まり、新しい年をむかえた喜びとともに、祝いの膳を囲みます。

※五節句とは、伝統的な年中行事を行う季節の節目となる日のこと。1月7日の人日の節句、3月3日の上巳の節句、5月5日の端午の節句、7月7日の七夕の節句、9月9日の重陽の節句の5つ。

全国雑煮マップ

日本は南北に長いため、それぞれの地域で気候風土がちがいます。お正月に食べられる雑煮も、だしや味つけ、もちの形や具など、地域や家庭によって異なります。

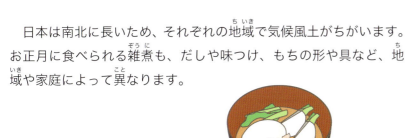

北海道 角もち
北海道特産のイクラ、サケを使った「親子雑煮」を食べる家庭も多い。

福井県 丸もち
こんぶとかつお節のだしに、みそ（赤みそか白みそ）で味つけをする。煮た丸もちとカブ、カブの葉を加えたシンプルな雑煮。

島根県 丸もち
しょう油味のすまし汁に、煮た丸もちが多い。出雲地方の「あずき雑煮」は、具はなく、ぜんざいのようなあずきだけの雑煮を食べる。

岩手県 角もち
焼いた角もちに、しょう油の味つけ。一部の地域では、ごまだれやクルミだれにつけて食べることもある。

福岡県 丸もち
だしは、あごだし、こんぶ、とり肉とさまざまだが、味つけはしょう油。具にかまぼこが入る。

東京都 角もち
かつお節でだしをとり、しょう油で味つけをしたすまし汁に、焼いた角もちを入れる。

香川県 丸もち
白みそに、あん入りもちを入れた「あんもち雑煮」。具はダイコン、ニンジン、サトイモなど。

京都府 丸もち
こんぶでとっただしに、白みそで味つけをし、煮た丸もちを入れる。すまし汁のところや、元旦は白みそ、2日目はすまし汁にする地域もある。

出典：「和食 WASHOKU 日本人の伝統的な食文化」（農林水産省）より作成

行事と行事食

春

3月

■ **3日　ひな祭り**（五節句の1つ、p96参照）
江戸時代には、女の子の成長と幸せを願う行事として、人形をかざり、**ちらしずしやハマグリの吸い物**、**ひしもち**などをそなえ、みんなでそれらを食べた。

■ **お彼岸**　お彼岸に、あずきともち米でつくる**ぼたもち**は、ぼたんの花のように丸く大きくつくられた和菓子である。一方、秋のお彼岸につくるもちは、萩の花のように小ぶりで楕円形なため、「おはぎ」とよばれるようになった。

4月

■ **8日　花祭り**　お釈迦様の誕生を祝福する仏教行事。花御堂にまつられたお釈迦様に、**あま茶**をかける。

■ **花見**　桜は、農耕の神様がいる場所を示すもので、その桜の下でうたげを開いたのがはじまり。江戸時代になると、重箱にごちそうをつめて**花見弁当**をつくった。

5月

■ **5日　端午の節句**（五節句の1つ、p96参照）
男の子の出世・健康をいのって、**ちまき**や**かしわもち**を食べる。邪気をはらうといわれるちまきは、中国から伝来。邪気をはらうために、ショウブをひたした酒を飲んだり、ちまきを食べたりした。

■ **八十八夜**　立春から八十八日目の日を八十八夜といい、**新茶**の茶つみが行われる。この日につんだ新茶を飲むと、長生きできるといわれている。

夏

7月

■ **7日　七夕**（五節句の1つ、p96参照）
そうめんを天の川に見立てて、七夕におそなえする。

■ **土用**　立秋前の18日間を、夏の土用という。今では、**うなぎ**が土用の日に欠かせない食べ物になっているが、奈良時代からあり、万葉集にも歌われている。たれをつけて蒲焼きにするようになったのは江戸時代から。

■ **お盆**　祖先の霊に感謝する行事。仏壇にはキュウリやナスで牛や馬をつくり、もち米でつくったハスの花などをそなえる。そして、家族や親せきが集まり、**精進料理**などを食べる。

8月

秋

9月

■ 9日　重陽の節句（五節句の1つ、p96参照）
旧暦の9月9日に行われていたが、現在は新暦の9月9日に行うことが多い。邪気をはらい、不老長寿といわれる菊の花をうかべた菊酒で、長寿を願う（p34参照）。

菊のねりきり

■ 十五夜　旧暦の8月15日の夜を「十五夜」「中秋」といい、月見には、上新粉でつくった月見団子をそなえる。名月にちなんでサトイモやクリ、カキ、枝豆など丸いものをそなえる。

10月

■ 十三夜　十五夜に対して、十三夜は豆を主体として、ススキやクリ、団子などをそなえるので、「豆名月」とよばれた。おそなえの団子も、十五夜は15個、十三夜は13個である。

11月

■ 七五三　子どもが大人になる通過儀礼の1つ。千歳飴は、江戸時代に、さらし飴がよくのびることから、長い千歳飴を食べると長生きするという縁起物として売りだされた。

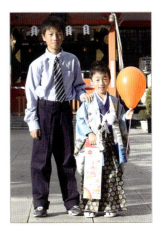

冬

12月

■ 冬至　1年の中で一番昼の時間が短い日。冬至にカボチャを食べると魔よけになり、かぜをひかないといわれている。

■ 大みそか　地域によって異なるが、大みそかに、年こしそばを食べるようになったのは、江戸時代から。「そばのように、細く長く長生きであるように」という願いがこめられている。

1月

■ 1日　正月　おせち料理は、大みそかから、歳神様といっしょに家族そろって食べるごちそうといわれている。おせち料理に、保存食やつくりおきなどが多いのは、歳神様をむかえる間は、物音を立てたり、煮炊きをすることをつつしむためという説もある（p96参照）。

■ 7日　人日の節句（五節句の1つ、p96参照）
1月7日の朝、7種類（セリ、ナズナ、ゴギョウ、ハコベラ、ホトケノザ、スズナ、スズシロ）を炊きこんだ七草がゆを食べる。これを食べると病気をしないといわれている。

■ 鏡開き　お正月におそなえしたもちをおろして、神様の霊が宿ったもちを、包丁を使わず木づちでわる。わったもちは、おしるこや雑煮にして食べる。

■ 15日　小正月　15日は、正月の行事が一段落する日ともいわれ、年末からいそがしく働いた女の人たちの労をねぎらい、あずきがゆやぜんざい、おしるこなどを食べる。

2月

■ 3日ごろ　節分　節分は季節のわかれ目のこと。豆まきの豆には霊力があり、年の数だけ食べれば、病気に勝つといわれている。イワシの頭やヒイラギの葉を門にかざるのは、イワシの悪臭とヒイラギの葉のとがったところで、鬼を追いはらうとされているからである。

※四季の区別については、昔の日本で用いられていた、月の満ち欠けをもとにした太陰暦ではなく、現在の暦（1873年より採用された太陽暦）の3〜5月を春、6〜8月を夏、9〜11月を秋、12〜2月を冬としている。

郷土料理

㉞ 広島
- カキの土手なべ
- あなご飯

㉛ 鳥取
- かに汁
- あご野焼き

㉘ 奈良
- 柿の葉ずし
- 三輪そうめん

㉕ 三重
- てこねずし
- 伊勢うどん

⑳ 石川
- かぶらずし
- じぶ煮

㉟ 山口

- ふく料理※

三方を海に囲まれた下関は、ふぐのさしみ、ふぐちりなどの料理が発達。

- 岩国ずし

㉜ 岡山
- ばらずし
- ままかりずし

㉝ 島根
- 出雲そば
- しじみ汁

宍道湖でとれるしじみのみそ汁。

㉙ 和歌山
- クジラの竜田あげ
- めはりずし

㉚ 兵庫
- ぼたんなべ
- いかなごのくぎ煮

㉖ 京都
- 賀茂なすの田楽
- 京漬け物

㉗ 大阪
- 箱ずし
- 白みそ雑煮

㉑ 福井
- サバのへしこ
- 越前おろしそば

㉔ 滋賀

- ふなずし（上写真 p55 参照）
- かもなべ

㊷ 長崎

- しっぽく料理（上写真 p33 参照）
- 具雑煮

㊵ 福岡
- がめ煮
- 水炊き

㊶ 佐賀
- 須古ずし
- 呼子のイカの活きづくり

生きているイカをすがたのままさしみにしたもの。

㊹ 熊本

- いきなりだご

サツマイモの輪切りを入れたまんじゅう。

- 馬さし

㊸ 大分
- ブリのあつめし
- ごまだしうどん

㊺ 宮崎
- 冷や汁
- 地どりの炭火焼き

㊻ 鹿児島
- とり飯
- きびなご料理

㊴ 高知

- さわち料理

大皿に、さしみ、カツオのたたき、すし、海と山の旬の料理をもりつけた料理。

- かつおのたたき

㊱ 香川
- さぬきうどん

雨が少なくあたたかいので小麦の栽培がさかんになり、うどんを中心とした食文化が発達。

- あんもち雑煮

㊲ 徳島
- そば米ぞうすい
- ぼうぜのすがたずし

㊳ 愛媛
- 宇和島のたいめし
- じゃこ天

㉒ 岐阜
- くりきんとん
- ほおばみそ

㊼ 沖縄
- ゴーヤーチャンプル

ゴーヤー、とうふをいためた料理。

- 沖縄そば

※ふつうは「ふぐ料理」というが、山口では「ふく」という。

⑮ 新潟
- のっぺい汁
- ささずし

⑯ 富山

- ぶり大根

ブリのあらなどとダイコンを煮た料理で全国に広まった。
- ますずし

⑰ 長野
- 信州そば
- おやき

山間地で小麦粉の料理が発達。土地の漬け物やナスなどをあんにして焼いたもの。

② 青森
- いちご煮
- せんべい汁

米の代わりに小麦粉の料理が発達。汁専用の南部せんべいを入れたしょうゆ味の汁。

③ 秋田

- きりたんぽなべ（左写真 p31参照）
- 稲庭うどん

① 北海道

- 石狩なべ

寒い地方で、土地でとれるサケを主な材料に野菜類を入れたなべ物。
- ジンギスカン

⑤ 宮城
- ずんだもち
- はらこ飯

⑥ 山形
- どんから汁
- いも煮

⑦ 福島
- こづゆ
- ニシンのさんしょう漬け

④ 岩手

- わんこそば

きびしい自然条件でも育つそばの料理。
- ひっつみ

⑩ 埼玉
- 冷汁うどん
- いがまんじゅう

⑪ 茨城
- あんこう料理
- そぼろなっとう

⑧ 群馬
- おっきりこみ

小麦粉でつくった幅広のめんと季節の野菜類を入れて煮こんだ汁。
- 生いもこんにゃく料理

⑫ 千葉

- イワシのごま漬け

房総半島でとれるイワシの酢漬け。その他イワシ料理が発達。
- 太まきずし

㉓ 愛知

- ひつまぶし

細かく切ったうなぎの蒲焼きが、おひつに入ったごはんの上にもってある。
- みそ煮こみうどん

⑬ 東京
- 深川丼
- くさや

⑭ 神奈川
- へらへら団子
- かんこ焼き

⑨ 栃木
- しもつかれ
- ちたけそば

⑱ 山梨

- ほうとう

米が育ちにくく、小麦粉が主食となった地方が多い。少し前までは、みそ汁に季節の野菜類を加えて煮こんだ、ほうとうが日常食だった。
- 吉田うどん

⑲ 静岡

- 桜えびのかきあげ

桜えび漁がさかんな静岡県ならではの、桜えびの郷土料理。
- うなぎの蒲焼き

給食の歴史

1889年（明治22年）

山形県の私立小学校で、貧しい児童を対象に無料で学校給食を実施した。これが、日本の学校給食の起源とされている。当時の給食は、おにぎりと焼き魚、漬け物。

1947年（昭和22年）

1月20日、全国のおもな都市の児童約300万人に対して学校給食が開始された。
当時の給食は、アメリカ合衆国からの救援物資によるもので、ミルク（脱脂粉乳）、トマトシチューなどが出されていた。

1950年（昭和25年）

完全給食が、札幌、東京、横浜、名古屋、京都、大阪、広島、福岡の都市に拡大される。このころの給食献立は、コッペパン、ミルク（脱脂粉乳）、ポタージュスープ、コロッケ、せんキャベツ、マーガリンなど。

1954年（昭和29年）

国会で「学校給食法」が成立し公布される。次いで、「学校給食法施行令」「施行規則」「実施基準」なども定められ、学校給食法の実施体制が整う。写真は、1955年（昭和30年）の代表的な献立である、コッペパン、ミルク（脱脂粉乳）、アジフライ、サラダ、ジャム。

1966年（昭和41年）

へき地にある学校の全児童生徒に対し、パン・ミルクの無償給食が実施される。写真は、1965年（昭和40年）の代表的な献立である、ソフトめんのカレーあんかけ、牛乳、あま酢あえ、くだもの。このころ、ミルクが、脱脂粉乳からふつうの牛乳へと変わった。

1976年（昭和51年）

学校給食制度に米飯が正式に導入される。写真は、1977年（昭和52年）の代表的な献立である、カレーライス、牛乳、スープ、くだもの。

1989年（平成元年）

学校給食の開始から100年。小学校の食堂やランチルームの整備がすすみ、学校給食にもバイキング方式など、選択できる食事が普及しはじめる。

■ **バイキング**（5組を1セット）**の例**
① おにぎり、パン
② とり肉の香味焼き、ゆでたまご、エビのからあげ
③ ニンジンのグラッセ、ホウレンソウのピーナッツ和え、こんぶとこんにゃくの煮物、プチトマト
④ 粉ふきいも、サツマイモのからあげ
⑤ くだもの（メロン、パイナップル）、ゼリー、牛乳

2005年（平成17年）

「学校教育法の一部を改正する法律」が施行され、各学校・地域に栄養教諭が配属されるようになる。あまった米の利用法として、米粉を使ったパンが学校給食でも出されるようになった。

写真は、2003年（平成15年）の米粉パン、とり肉とカシューナッツのいため物、ツナとキャベツの冷菜、コーンスープの献立。

写真は、2006年（平成18年）のキムチチャーハン、チーズ春巻き、中華風ジャコサラダ、きのこスープ、やわらか杏仁豆腐、牛乳の献立。これは、2002年（平成14年）のサッカーワールドカップ開催に合わせて、さまざまな国の料理が学校給食でも出されるようになったからである。また、行事食や郷土料理なども出されるようになった。

■ **ひな祭りの献立**
ふくさずし、シシャモの2色あげ、いろどり和え、花ふの吸い物、ひな祭り3色ゼリー、牛乳。

出典：独立行政法人日本スポーツ振興センターHP資料より作成

「3・1・2 弁当箱法」

5つのルール

- ルール1 … 食べる人にとって、ぴったりサイズの弁当箱を選ぶ
- ルール2 … 動かないようにしっかりつめる
- ルール3 … 主食3・主菜1・副菜2の割合に料理をつめる
- ルール4 … 同じ調理法の料理（特に油脂を多く使った料理）は1品だけ
- ルール5 … 全体をおいしそう！に仕上げる

ルール1 … 食べる人にとって、ぴったりサイズの弁当箱を選ぶ

1食に必要なエネルギー量は、性別や年齢、身体活動によって一人ひとりちがいます。
「3・1・2弁当箱法」では、1食に必要なエネルギー量（キロカロリー）と同じ数値の容量（ミリリットル）の弁当箱を選びます。

❶ まず、下のグラフから、ぴったりサイズの弁当箱を選んでみましょう。
性別・年齢から、当てはまるところをチェックします。
ふだんの活動量が多い人は矢印の上の▲、ふつうの人は矢印のまん中の●、低い人は矢印の下の▼が目安です。

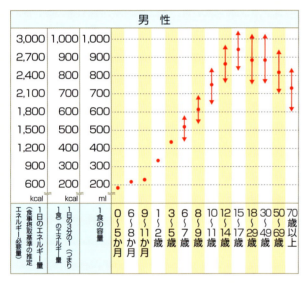 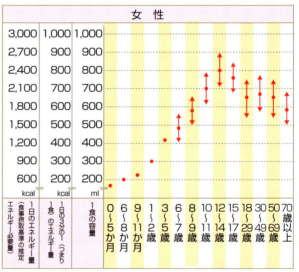

上の表は「日本人の食事摂取基準（2015年度版）」を参照しています

❷ 次に、体格チェックをしましょう。
下の式にあなたの身長と体重を入れて、BMI（ボディマスインデックス体格指数）を出してください。

体重(　　)kg ÷ 身長(　　)m ÷ 身長(　　)m ＝ BMI(　　)

BMIの適正範囲

年齢（歳）	目標とするBMI（kg/㎡）
18～49	18.5～24.9
50～69	20.0～24.9
70以上	21.5～24.9

自分のBMIと目標とするBMIを比べて、適正範囲より少ない人は、上のグラフでチェックしたところの上の方を、適正範囲より大きい人は、チェックしたところの下の方を見て、弁当箱のサイズを選びましょう（p77参照）。

● ルール2 … 動かないようにしっかりつめる

主食・主菜・副菜料理をすき間なくしっかりつめることで、ちょうどよいエネルギー量や栄養素量になります。ちょうどよいサイズの弁当箱が、ものさしの役割を果たします。

● ルール3 … 主食3・主菜1・副菜2の割合に料理をつめる

主食・主菜・副菜の3つの料理は、栄養面も見た目も味も、バランスのよい食事をつくるための核となる料理です。

	料理の特徴	主材料	栄養的役割
主食	食事の中心で、他の料理選択のリード的役割を果たす 料理例 ごはん、おにぎり、もち、トースト、うどん、スパゲッティ料理など	米や小麦などの穀物	糖質（でんぷん）をはじめ、いろいろな栄養素をふくんでおり、活動のエネルギー源となる
主菜	おかずの中心となる料理のこと 料理例 煮魚、ステーキ、たまご焼き、とうふ料理など	魚、肉、たまご、大豆・大豆製品など	おもにタンパク質や脂質をふくんでおり、筋肉や血液などのからだをつくるもとになる
副菜	主食や主菜で不足する栄養面を補強し、食事の味やいろどりを豊かにする 料理例 おひたし、煮しめ、野菜いため、サラダなど	野菜、イモ、きのこ、海そうなど	おもにビタミン、ミネラル、食物繊維を多くふくんでおり、栄養代謝のサポートや生理作用などの調節をする

● ルール4 … 同じ調理法の料理（特に油脂を多く使った料理）は1品だけ

主食・主菜・副菜がそろっていれば、どんな料理でもよいというわけではありません。調理法や味つけが重ならないようにすることが大切です。特に、油脂を多く使った料理が重なると、全体として高いエネルギー量になってしまいます。

● ルール5 … 全体をおいしそう！に仕上げる

なによりも大切なことは、おいしそうできれいなこと！
おいしく食べることで満足感が高まり、心身の健康がアップします。

出典：NPO法人食生態学実践フォーラムHP (http://www.shokuseitaigaku.com/) より作成

魚のつぼぬき

　魚のつぼぬきとは、包丁を使わずに、えらと内臓をとりのぞく方法です。包丁を使わないので、魚に切れ目などがつかず、煮つけ、むし焼きなどにするとよいでしょう。アユやイサキなどが適していますが、身がやわらかい魚は向きません。

1　わり箸を1本ずつ口から通し、えらを広げて、おなかまで差しこむ。

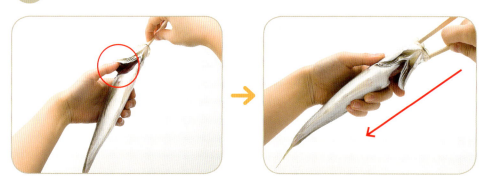

2　わり箸をつかんで、ゆっくりとねじるようにして、えらと内臓をとり出す。このとき、魚を持っている手は動かさず、わり箸を持っている手だけを動かす。流水でよくあらう。

ぞうきんをしぼるように、ぐっとねじるんじゃよ。

3　水気をふき、ぜいご※をとる。

4　背の方に、切り目を入れる。

※魚の尾から身にかけてあるトゲ状のうろこのこと。

出典：「さかな丸ごと探検ノート」（足立己幸編著、一般財団法人東京水産振興会）より作成

いろいろな切り方

くし切り（トマト）

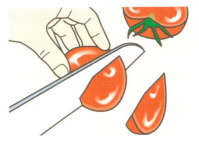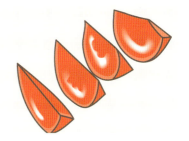

たて半分に切ってから、へたをとり、切り口のまん中から、等分に切る。

せん切り（キャベツ）

葉をはがして、しんをとり、たて半分に切って丸めて、はじから細く切る。

みじん切り（タマネギ）

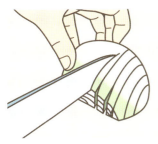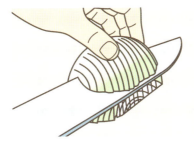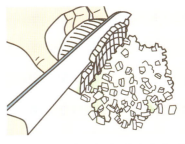

皮をむいて、たて半分に切り、根元を向こう側にして、根元を切らないように、うすく切り目を入れる。包丁をねかせて、横に切れ目を入れ、はじから切る。

ささがき（ゴボウ）

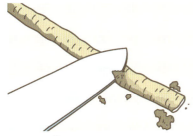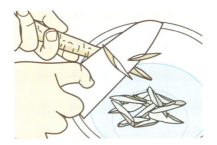

包丁の背で皮をこそげとる。包丁をねかせて、はじからけずるように、うすく切り落とす。

索引

あ行

- 青菜のおひたし 81, 85, 89
- アジの塩焼き 37, 39, 57, 58, 62
- アボカド 43
- アミノ酸 46
- 荒巻鮭 54, 55
- 合わせだし 45
- イオン交換膜法 50
- 石狩なべ 32, 81, 101
- いしる 51
- いため煮 49, 59
- 一汁三菜 28, 36, 37, 38, 78, 82
- いちょう切り 57
- イノシン酸 44, 45
- いぶりがっこ 31, 55
- 炒り煮 59
- うす口（しょう油） 31, 48
- うなぎの蒲焼き 47
- うま味 44, 45, 48, 49, 52, 53, 55, 60
- 梅塩 50
- エネルギー 22, 23, 38, 39, 46, 61, 73, 83, 84, 85, 104, 105
- 大みそか 99
- おせち料理 27, 96, 99
- お彼岸 98
- お盆 98

か行

- 懐石料理 15, 18, 24
- 会席料理 18, 24
- 回遊魚 41
- 鏡開き 99
- かしわもち 68, 98
- 数の子 27, 96
- がっくら漬け 55
- 学校給食 22, 25, 102, 103
- カライモごはん 33
- カルシウム 38, 85
- 寒じめホウレンソウ 41
- かんてん 54
- 飢饉 34
- きっぷ制 21, 25
- きのこの包みむし 36, 37, 39, 60, 62
- 京ニンジン 42
- 魚醤 51
- きりたんぽなべ 31, 101
- 切り漬け 55
- 儀礼食 18
- くさや 54
- くし切り 107
- グルタミン酸 44, 45
- クロカワ 41
- ケ 32
- 減塩運動 94
- こい口（しょう油） 16, 31, 48
- 香の物 18, 19, 21, 23, 28, 36, 55
- 高野どうふ 52, 54, 59
- コールラビ 43
- 糊化 58
- 小正月 99
- 五寸ニンジン 42
- コチュジャン 51
- 米の摂取量 22, 25, 75
- 強飯 14
- 根菜のみそ汁 37, 62
- 献立 22, 36, 37, 39, 40, 56

さ行

- 災害 25, 26, 34
- 西京みそ 31, 47
- 再仕こみ（しょう油） 31, 48
- サケの塩焼き 81, 85, 88
- ささがき 107
- サツマイモの茶巾しぼり 85, 89
- サトイモのふくめ煮 37, 39, 59, 62
- 「3・1・2弁当箱法」 78, 82, 83, 84, 104
- 三種祝肴 96
- 脂質 38, 39, 84, 85, 105
- 七五三 99
- 七夕の節句 96
- しっぽく料理 33
- 十五夜 99
- 十三夜 99
- 主菜 34, 36, 38, 39, 41, 56, 64, 73, 78, 80, 81, 82, 83, 84, 85, 86, 87, 88, 89, 93, 105
- 主食 12, 22, 30, 34, 38, 39, 40, 64, 73, 78, 80, 81, 82, 83, 84, 85, 86, 87, 88, 93, 94, 105
- 旬 40, 41, 43, 78, 86
- 循環 72, 73, 74, 75, 77, 78, 87
- 上巳の節句 28, 96
- 精進料理 24, 29, 98
- 食事の設計図 86, 87, 88
- 食物繊維 38, 39, 85, 105
- 食料自給率 25, 75
- 食料不足（食糧難） 21, 22, 25
- しょっつる 51
- 白（しょう油） 31, 48
- 白みそ 31, 47, 68
- 人日の節句 96, 99
- 信州みそ 31, 47
- 神人共食 26
- 神饌 26
- ズッキーニ 43
- すっぽん煮 49
- すまし汁 81, 85, 86, 89
- 西洋料理指南 25
- 関アジ 41
- 赤飯 28, 29

節分 …… 27, 99	土用 …… 98	ぶり大根 …… 32, 81, 101
膳 …… 14, 15, 28, 29	とり肉のくわ焼き …… 81, 89	ブリの照り焼き …… 47
せん切り …… 107		ほうじ茶 …… 68
仙台みそ …… 31	■ な行	干し漬け …… 55
せん茶 …… 68	直会 …… 26	本膳料理 …… 14, 15, 18, 19, 24,
千利休 …… 15, 24	七草がゆ …… 27, 99	28, 29, 36, 64, 82
雑煮 …… 27, 31, 97	生菓子 …… 68	本朝食鑑 …… 46
	なれずし …… 24, 33, 55	
■ た行	二期作 …… 40	■ ま行
大饗料理 …… 14, 24	肉食禁忌 …… 13, 19, 20, 24	抹茶 …… 24, 68
たくあん漬け …… 55	煮つけ …… 58, 59, 61	マナー …… 65, 67
田づくり …… 27, 96	日本型食生活 …… 22, 23, 25, 82	豆みそ …… 31, 47
脱脂粉乳 …… 22, 102	二毛作 …… 40	丸漬け …… 55
七夕 …… 27, 98	ぬか漬け …… 55	岬アジ …… 41
たまり（しょう油）…… 31, 48	ねりきり …… 68, 99	みじん切り …… 107
端午の節句 …… 27, 28, 68, 96, 98		水菜 …… 43
短冊切り …… 57	■ は行	みそ漬け …… 55
炭水化物 …… 23, 38, 39, 73, 84, 85	ハクサイの漬け物 …… 37, 39, 62	ミネラル …… 39, 46, 68, 85, 105
タンパク質 …… 23, 38, 39, 46, 48,	八十八夜 …… 98	麦みそ …… 31, 47
49, 58, 105	八頭 …… 41	藻塩 …… 50
筑前煮 …… 81, 85, 88, 94	発酵食品 …… 53	守口大根 …… 30
チチタケ …… 41	発酵調味料 …… 13, 46, 49	
茶の湯 …… 15, 24, 68	初節句 …… 28	■ や行
重陽の節句 …… 68, 96, 99	はなびらもち …… 68	焼き干し …… 53
通過儀礼 …… 28, 29	花祭り …… 98	ゆで干し …… 53
つけ焼き …… 47	ハルシメジ …… 41	ユネスコ無形文化遺産
つぼぬき …… 106	ハレ …… 26, 27, 28, 32	23, 25, 74, 76
低体重 …… 76, 77	PFCバランス …… 23	
出刃包丁 …… 57	干菓子 …… 68	■ ら行
照り焼き …… 47, 49, 51, 80	ビタミン …… 38, 39, 46, 52, 58,	乱切り …… 88
伝統野菜 …… 42	73, 85, 105	料理物語 …… 19, 24
甜麺醤 …… 51	肥満 …… 76, 77, 82, 83, 94	
冬至 …… 99	副菜 …… 36, 38, 39, 41, 56, 64, 73, 78,	■ わ行
豆板醤 …… 51	80, 81, 82, 83, 84, 85, 86, 87, 88, 89,	和菓子 …… 25, 68
歳神様（歳徳神）…… 27, 99	93, 105	輪切り …… 57
屠蘇 …… 96	ふくめ煮 …… 59	ワニのさしみ …… 33
土垂 …… 41	ふなずし …… 55, 100	和洋折衷料理 …… 20, 21, 25

109

あとがき
子どもたちを学習支援する家族、先生や地域の方々へ

　ユネスコの無形文化遺産に登録されるなど国際的に高い評価を受けている「和食」ですが、はたして子どもたちは、「和食」についてどれだけ知っているのだろうか、言葉のみ先行しているのではないだろうか……という疑問と、日本人として「和食」の魅力やその生い立ちを正しく知り、国内外に発信できる力を育ててほしい、という願いから本書の企画は出発しました。

　この裏側には、食生活や食環境について深刻なマイナスの循環の渦中にはまっている日本人の現状と、そこからぬけ出て、プラスの循環に転換しなければならないという思いがあります。そして、食生活や食環境をプラスの循環へと転換させるための方策が「和食」にありそうだ……、和食の食事様式はもとより、その知恵を育ててきた「和食」のやり方・「和食」力の中に方策があり、それを学び、今の生活や地域づくりにいかしたい、との希望をいだいての出発でした。

　深刻なマイナスの循環とは、たとえば、低栄養や過栄養に起因する低体重と肥満の両面の健康障害や健康格差、その原因となる過食・小食・偏食・欠食、これらの原因になる孤食、デパートの地下やスーパーマーケット、コンビニエンスストア等で出来合いのものを買って食べる中食や外食への依存、そして、これらを促進するかたよった食品販売や食情報等の食環境、以上の結果として生じた食料自給率の低迷等々の循環のことです。

　これらのどこか一部でも、修復・変革できたなら、それは、循環全体の修復や変革につながるはずです。そして、「和食」の知恵の現代版活用で、その修復・変革を成しとげ、人間らしい食への復権ができるのではないかと期待しました。これらのことを、将来に向けて、健康で楽しい食生活や食環境づくりをしていかなければいけない、子どもたちの発信で進めるようになりたい、と強く思った次第です。

　本書の作成は、この気持ちを共有しあい、かつ各分野を代表する個性的な執筆者のチームで進められました。「食文化学」の第一人者でユネスコ無形文化遺産登録のキーパーソンの一人、江原絢子氏による「食文化論からのアプローチ」、日本の伝統的な料理を主軸に「調理教育学」を構築してきた針谷順子氏と、その家庭科教育での展開を重ねている高増雅子氏による「食物・食事づくり力形成論からのアプローチ」と、生活の質と環境の質のよりよい共生をめざした「食生態学」を創設し実践につなげてきた足立己幸による「食教育からのアプローチ」の融合です。

　先に書いたような大きな課題への挑戦でしたので、ほぼ全文が書きおろしです。「和食」や自分たちの食について、子どもたちといっしょに話し合う「たたき台」にしていただければ幸いです。

　東京オリンピックをはじめ国際社会の真ん中で、日本の力を発揮する場が多くなりました。生きることの基本であり、年代をこえ、地域をこえた人間関係の間をつなぐ「食」、そのモデルのような「和食」力を発揮する時代の到来といえましょう。子どもたちの発信で、本書がそのリード役をになうことができるようにと願います。この1冊が、子どもたちや若い人たち発信の共有財産の1つになることをいのります。

2016年1月
著者を代表して　足立己幸

著者プロフィール

■ 編著者

足立 己幸
あだち みゆき

女子栄養大学名誉教授・名古屋学芸大学名誉教授。保健学博士、管理栄養士。
専門は、食生態学、食教育学、国際栄養学。
現在、NPO法人食生態学実践フォーラム理事長、名古屋学芸大学健康・栄養研究所参与。
東北大学農学部卒業。東京都衛生局技師等を経て、女子栄養大学へ。同大学・大学院教授を経て、2006年より名誉教授。2006年より名古屋学芸大学大学院教授、2011年より同大学健康・栄養研究所長、2014年より名誉教授。
この間、ロンドン大学人間栄養学部客員教授、カーテン工科大学公衆衛生学部客員教授等として、発展途上国での食生態学研究や保健・栄養プログラム関係者への教育にも携わる。
その他、厚生省食生活指針策定検討会委員等を歴任する等、食教育の第一人者。
『食塩 ― 減塩から適塩へ』(女子栄養大学出版部、第36回毎日出版文化賞)、「栄養の世界 ― 探検図鑑」(全4巻、大日本図書、1998年度今和次郎賞)他著書多数。

■ 著 者

江原 絢子
えはら あやこ

東京家政学院大学名誉教授・客員教授。博士(教育学)。
専門は、食文化史、食教育史、調理学。
お茶の水女子大学家政学部食物学科卒業。東京家政学院大学教授を経て、現在、同大学名誉教授・客員教授。
一般社団法人和食文化国民会議(略称:「和食会議」)の副会長として、ユネスコ無形文化遺産に登録された「和食」の保護・継承の活動を行っている。
『和食とは何か』(思文閣出版、共著)、『和食と食育』(アイ・ケイコーポレーション、編著)、『家庭料理の近代』(吉川弘文館)、『おいしい江戸ごはん』(コモンズ)、「和の食文化」(全4巻、岩崎書店、監修)他著書多数。

針谷 順子
はりがい よりこ

高知大学名誉教授。博士(栄養学)、栄養士。
専門は、調理教育学、食生態学、栄養学。
現在、社会福祉法人健友会・地域事業部部長。NPO法人食生態学実践フォーラム副理事長。
女子栄養大学栄養学部卒業。高知大学教授を経て、2009年より同大学名誉教授。
「食事バランスガイド」を策定した「フードガイド(仮称)検討会」委員及びワーキング部会委員等を歴任。2002年、「弁当箱ダイエット法」の研究で、日本栄養改善学会賞を受賞。
『食生活の100年』(ドメス出版、共著)、『環境調理学』(建帛社、共著)、『3・1・2弁当箱ダイエット法』(群羊社、共著)他著書多数。

高増 雅子
たかます まさこ

日本女子大学家政学部教授。博士(栄養学)、管理栄養士。
専門は、食生態学、調理学、家庭科教育。
農林水産省食育推進委員、農林物資規格調査会委員などを歴任。
日常生活における食のあり方、食を通しての社会システムのあり方、食生活の豊かさとは何かを研究。ラオス等発展途上国での学校給食プログラムや栄養指導にも携わる。
主な著書に、『生活支援の家政学』(建帛社、共著)、『介護福祉学事典』(ミネルヴァ書房、共著)等。

● 写真提供

独立行政法人日本スポーツ振興センター：p22, 102, 103 学校給食）／愛知県農林水産部園芸農産課：p30 守口大根／公益社団法人富山県観光連盟：p32, 101 ぶり大根／「主食・主菜・副菜料理成分表」（群羊社刊）：p32, 101 石狩なべ、p59 高野どうふのふくめ煮・コマツナのいため煮、p59, 99 カボチャのふくめ煮、p101 ほうとう／長崎市：p33, 100 しっぽく料理／島根県政広報フォトしまね189号より：p33 ワニのさしみ／鹿児島市健康総務課：p33 カライモごはん／東京都八丈支庁産業課：p54 くさや／公益社団法人びわこビジターズビューロー：p55, 100 ふなずし（なれずし）／御菓子所花ごろも：p68 草もち・はなびらもち、p68, 98 かしわもち、p68, 99 菊のねりきり、p99 月見団子／一般社団法人那覇市観光協会：p100 ゴーヤーチャンプル／下関市観光政策課：p100 ふく料理／静岡県：p101 桜えびのかきあげ／愛知県：p101 ひつまぶし／盛岡・八幡平広域観光推進協議会：p101 わんこそば／一般財団法人東京水産振興会：p106 魚のつぼぬき

装　幀 ● 齋藤いづみ

本文デザイン・DTP ● 齋藤いづみ

本文イラスト ● ひろのみずえ、酒井圭子

本文図版 ● 酒井圭子、齋藤いづみ

撮　影 ● イシワタフミアキ

編集協力 ● OCHI NAOMI OFFICE

ISBN978-4-7999-0163-2　NDC596　111p　302×215mm

2016年2月　初版第1刷発行

和食の教科書

編著者：足立己幸

著　者：江原絢子　針谷順子　高増雅子

発行者：川元行雄

発行所：株式会社 文溪堂　〒112-8635　東京都文京区大塚 3-16-12

TEL（03）5976-1515（営業）
（03）5976-1511（編集）
ぶんけいホームページ　http://www.bunkei.co.jp

印刷・製本：図書印刷株式会社

© Miyuki Adachi, Ayako Ehara, Yoriko Harigai, Masako Takamasu & BUNKEIDO Co., Ltd. 2016
Printed in Japan
落丁本・乱丁本は、お取り替えいたします。定価はカバーに表示してあります。